«Esta obra ha recibido una ayuda a la edición del Ministerio de Cultura y Deporte»

MINISTERIO DE CULTURA Y DEPORTE

DIRECCIÓN GENERAL DEL LIBRO Y FOMENTO DE LA LECTURA

Editorial EDAF, S. L. U.
Jorge Juan, 68. 28009 Madrid
http://www.edaf.net
edaf@edaf.net

Algaba Ediciones, S.A. de C.V.
Calle, 21, Poniente 3323, Colonia Belisario Domínguez
Puebla, 72180, México. Tfno.: 52 22 22 11 13 87
jaime.breton@edaf.com.mx

Edaf del Plata, S. A.
Chile, 2222
1227 - Buenos Aires, Argentina
edaf4@speedy.com.ar

Edaf Chile, S.A.
Avda. Charles Aranguiz Sandoval, 0367, Ex. Circunvalación
Puente Alto, Santiago - Chile
comercialedafchile@edafchile.cl

3.ª edición, febrero de 2023

ISBN: 978-84-414-4057-9
Depósito legal: M-26.060-2020

PRINTED IN SPAIN IMPRESO EN ESPAÑA

Impreso por COFÁS, S.A.

Curiosidades de la Historia de España para padres e hijos

edaf

Fermín Valenzuela Sánchez
Manuel Ángel Cuenca López
Ilustrado por Gloria Cuenca

www.edaf.net
Madrid - México - Buenos Aires - San Juan
2023

ÍNDICE

PROEMIO QUEVEDESCO ESPECTRAL

Andaba yo de noche en un perdido paseo, renqueante de mi pierna derecha. Que los adoquines de Madrid no los hizo alcaide bueno, sino diablo y no precisamente cojuelo. Cuando, mentado al mismo, un ilustre cojo como un servidor y de ese otro de los cuernos, que espiara por los techos de nuestra Villa y Corte a sus tranquilos vecinos, se cruzó en mi vagabundeo. Lo reconocí al instante. Pelos alborotados, renqueo como el mío, espada ropera mal oculta por su capa de caballero, y unos inconfundibles anteojos sobre su nariz. Don Francisco de Quevedo era identificable a leguas castellanas, aunque fuera ya un fantasma.

—¡Don Francisco, cuánto bueno!

—¡Tanto no será cuando ni un paseo puedo dar sin ser abordado!

—No sea así, que no he podido evitar al verle el saludarle, y ver si tenía suerte de invitarle a una perra vino por alguna de las tabernas de este barrio de las Huertas.

—¿No será usted uno de esos cansinos históricos que se ponen a dar la paliza como Góngora a juntar ripios malos en sus escritos?

—¡Quiá, don Francisco! Y mire. Estamos cerca de la calle del León, que ahí tienen buenos cuartillos del de San Martín de Valdeiglesias. Que sé que le gusta, por no decir que es su preferido.

Dudó un poco el espectral literato, que uno puede llevar mucho tiempo muerto, pero tiene alma, y algo para animar el espíritu siempre viene bien. Y chascando la lengua encogió los hombros con el gesto de, ya que el paseo se ha torcido, al menos hagamos una parada y fonda a costa de este desocupado que es capaz de ver a quien nadie ve. Y eso en la mosca ya le daba por contestada la pregunta que tenía.

—Escritor es voacé, ¿no? Y bachiller como poco. De amores, más como Cervantes que como Lope. Y estancado entre algún libro, como si lo viera.

Me sorprendió su agudeza, que no debiera, viniendo de quien venían tales asertos. Y entrando y tomando sitios en unas mesas bajas que tuvieron mejores días, y unas sillas tan cojas como nosotros (que al sentarnos tuvimos que abrazarnos para no caernos los dos y dar con las posaderas sobre el serrín de aquella bodega), ya repuestos y erguidos, y habiendo hecho la comanda, no tuve ni que preguntarle cómo había sabido todo eso.

—Fácil era deducirlo. Solo un escritor ve a otro, aunque se haya pasado al mundo de los duendes, pues si uno no lee a los muertos, jamás le leerán los vivos. Con estudios está claro, pues sabe de mi nombre y por don me trata como quien lo tiene también ganado. Y de amores, ¡casado no es hombre que a tales horas invita a otro a tomar un vino, a sabiendas de que su esposa le espera en casa! Y sin novias como el Fénix, pues si tuviera en mente a una hermosa doncella, iría a paso más rápido y sin mirar a espectros ni a aparecidos, yendo en busca de su amada.

Quedé yo con la boca más abierta que aquel papamoscas que está en la catedral de Burgos. Sonrió don Francisco gustando de quedar ganador como ingenioso, sabiéndose que lo es. Ya había quedado claro que a esgrima mental no estaba yo como para jugármela con quien manejaba la espada tan bien como la pluma, con lo que le serví una buena jarra, pedí un buen jamón de Salamanca, y le pregunté en qué andaba, si es que en algo aún le quedaba por andar. Don Francisco, más contento con el inesperado tapeo nocturno, me contó algo que me asombró.

—Pues vengo de ayudar con mi prosa y con mi verso, a una dama, un mílite y un infanzón que va para doctor. Una dama, como Sofonisba de Anguissola, que es mujer que maneja los pinceles de modo que no hacen falta apenas más palabras al lado de lo que dibuja. El mílite, aunque le veo un poco en el aire, es soldado también como yo lo fuera al servicio del rey Felipe... aunque con diferentes ordinales. Y anda metido en gestas que, siendo españolas, no son de armas sino de letras. Y para ello se ha traído al tercer conmilitón, que si digo que va para doctor, no es de los que dicen que se llaman médicos, que de estos y de boticarios, cuanto más lejos mejor. Sino que lo será en Historia, ¡nada menos!

»Los tres son buenos mozos granadinos, de esa tierra de nobles montaraces donde nuestra Reconquista dio por acabada. Y los tres se han embarcado en darse a una ventura propia de don Gonzalo Fernández de Córdoba. Que si el Gran Capitán quiso saldar cuentas nada menos que con el rey Fernando, ellos lo están haciendo con quienes parece que han querido ignorar los hechos que tanto deberíamos vanagloriarnos en nuestras Españas. Para ello, nada menos que han querido hacer un buen tomo donde contar tantas cosas y tan buenas, que no creo que nadie que lo lea no quede maravillado de los lugares, personajes, datos y mitos que esta tríada gallarda han referido.

»Pero bien saben que cuantas más lanzas se aúnen, más compacto e invencible será un Tercio español. Por lo que dieron a bien llamarme para prologarles a modo de introitos donosos, cada una de las partes de su inestimable opúsculo. Que la verdad sea dicha, algunas cosas les corregí y otras les sugerí, pues lo bueno de estar en el Parnaso, es que te codeas con tanta gente, que apenas queda nadie de valor y mérito reconocido que no esté en este ingenioso libro. Vademécum de anécdotas, curiosidades, héroes y lugares que hacen de España aquello que dijera el santo Isidoro, que uno no es muy beato pero él fue sabio antes que santo, de que España «es la porción más ilustre del globo». Y si alguien piensa que exagero, le diré que no tiene sino que leer este libro, y luego convendrá conmigo en que aún corto me he quedado.

Fascinado estaba con la charla, y más con ganas de poder hacerme con un ejemplar del mencionado texto, cuando Quevedo me preguntó haciendo una pausa en su relato para tomar una buena pieza del de Guijuelo, que en qué andaba yo pues, sabiéndome escritor, seguro que emborronando algunos pliegos estaría metido de hoz y coz.

—Pues para serle franco, don Francisco, ando en varias cosas y en tantas que mi cabeza va más rápida que mis manos en poderlas transcribir, pero ¿sabe qué?, ¡nada me gustaría más que poder prologar un libro tan bueno como el que me ha descrito! Pero habiéndolo hecho ya alguien tan grande como don Francisco de Quevedo y Villegas, me temo que voy a evitar tal desafío, y ponerme en cuanto tenga en mis manos a empaparme bien de... ¿cómo ha dicho que se llama el libro?

—«Curiosidades de la Historia de España para padres e hijos».

Y fue decir el nombre, y como si de las palabras de un encantador quijotesco se tratara, me quedé solo viendo, sin embargo, que portaba en mis manos un ejemplar que tenía por autores a Fermín, Manuel Ángel y Gloria. Sin duda esos gesteros granadinos del que me hablaba tan bien mi paisano, con lo que, ¡silencio! Pasemos la hoja. Y pasemos a disfrutar orgullosos... ¡con la Historia de España!

Javier Santamarta del Pozo

Cuando pienso en vuestra merced y en la cantidad de Escudos y Coronas que utiliza para viajar a países herejes y extranjeros, que bien en duda ponen las gracias de nuestra España, no puedo evitar especular sobre si los años y la moda le han convertido en un estricto mercachifle. Le agradará saber, no obstante, que en el Colegio Imperial me enseñaron, con poca edad y mucho apetito, a otorgar segundas oportunidades y esta, dilecto compañero, va a ser una de ellas. En lugar de tildarle de una cosa u otra, voy a apostar los pocos maravedíes de mi bolsillo a la destreza del vino de esta taberna, mientras le detallo, con viveza y diligencia, las dignidades de la nación a la que tanto debemos usted y yo. Mi esperanza es que, al final de este capítulo, se vea tentado a viajar por las calzadas de antaño y descubrir las curiosidades y riquezas culturales que a continuación le expongo como decorosamente sé.

1 LUGARES DE ESPAÑA

Córdoba fue cuartel general de los Reyes Católicos
Con motivo de la Guerra de Granada (1482-1492), Isabel y Fernando se establecieron en la capital cordobesa para dirigir desde allí la campaña militar, donde estuvieron hasta casi el final de la guerra.

Sevilla fue puerto y puerta de las Indias durante dos siglos
Después del Descubrimiento de América, en 1503 los Reyes Católicos designaron al puerto de Sevilla como el único puerto que podía comerciar con las Indias y desde el que se podía ir y volver del Nuevo Mundo, lo que hizo de la ciudad una de las más importantes del Imperio español. Esto duró hasta 1717, cuando este privilegio pasó a Cádiz.

Huelva tiene un recuerdo a la reina Victoria de Inglaterra
Cuando se instaló en Río Tinto una compañía británica de minería, Huelva atrajo a mucha población y se tuvieron que hacer nuevas viviendas. En la década de los 20 del siglo xx se levantó un barrio declarado Bien de Interés Cultural y la empresa le dio el nombre de la reina Victoria, antepasada del rey Felipe VI.

Cádiz es considerada tradicionalmente como la primera ciudad que se fundó en Europa
Los fenicios la habrían fundado hacia el 1100 a. C. con el nombre de Gadir, aunque los romanos cambiarían esta denominación por Gades. No obstante, esta afirmación hay que tomarla con precaución, porque la evidencia arqueológica no permite, de momento, respaldarla.

Málaga es una ciudad de origen fenicio
Cuando los fenicios procedentes de la ciudad estado de Tiro llegaron a la costa sur de la península fundaron un asentamiento entre el 800 y el 500 a. C. Le dieron el nombre de Malaka y se convirtió en un importante centro comercial.

Jaén es la capital del Santo Reino
El reino de Jaén, uno de los cuatro que había en Andalucía, es conocido como Santo, apelativo que apareció con motivo de su conquista a manos de Fernando III el Santo. El origen de este nombre es aún desconocido, ya que se piensa que lo recibió por su conquistador o por guardar en la catedral jiennense desde finales del siglo XIV el Santo Rostro, uno de los pliegues del paño con el que la mujer Verónica habría enjugado la faz de Cristo cuando iba camino del calvario, la cual habría quedado impresa en la tela.

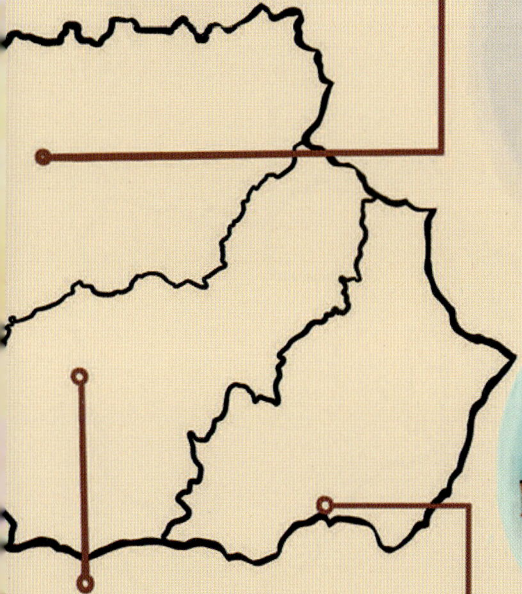

ìranada
ue la Florencia de la Península ibérica
.iteralmente, los romanos le pusieron el ıombre de Municipio Florentino Iliberitano Municipium Florentinum Iliberritanum) a a ciudad que fundaron sobre un antiguo ısentamiento íbero llamado Iliberri. Esta se ·ncontraba en lo que ahora es ·leno barrio del Albayzín de la :apital granadina.

Almería fue el puerto más importante de Al-Ándalus
Con la llegada de los Omeya y la creación del emirato, la ciudad se convirtió en la base de la flota andalusí. Fue un próspero lugar de comercio con Oriente y el norte de África, incluso en la época del reino nazarí de Granada.

¿Sabías que Andalucía fue el territorio más romanizado de la península?
Buena parte de lo que es ahora la comunidad autónoma andaluza estuvo dentro de la provincia de la Bética durante todo el Imperio romano. A lo largo de este periodo se convirtió en una región de gran importancia por sus aportaciones a la economía, la política y la cultura del mundo romano. Dio a Roma grandes emperadores como Trajano y Adriano, así como filósofos como Séneca.

Aragón se convirtió en reino hacia 1035. Hasta entonces había sido solo un condado bajo la tutela primero de los reyes francos y después de los monarcas de Pamplona. Al morir el rey Sancho III el Grande en 1035, este dejó el título de conde a su hijo Ramiro I, aunque supeditado a su hermano el rey García Sánchez I. Sin embargo, Ramiro conquistó los condados de Ribagorza y Sobrarbe y se hizo independiente de facto de Pamplona, por lo que es reconocido como el primer rey de Aragón.

Zaragoza fue fundada por los romanos sobre una ciudad íbera

Tras el final de las guerras astur-cántabras, el emperador Augusto decidió la fundación de una colonia sobre un antiguo poblado llamado Salduie para asentar a los veteranos de las guerras y asegurar el dominio romano sobre la región. Concedió que la ciudad llevara su nombre, Colonia Caesar Augusta, que daría origen a su actual nombre, y se convirtió en una de las más importantes de Hispania.

Huesca llama históricamente a su Universidad Sertoriana por el pasado romano de la ciudad

La Huesca romana, Osca, fue el cuartel general de Quinto Sertorio, un importante militar del siglo I a. C. que consiguió controlar amplios territorios hispanos bajo su mando para hacer frente, aunque sin éxito, a su enemigo Lucio Cornelio Sila, quien se había proclamado dictador en Roma. En Osca fundó una Academia de latinidad para educar a sus seguidores, y los intelectuales medievales le dieron a la universidad el título de Sertoriana, en recuerdo de la tradición educativa de la ciudad.

Teruel cuenta con un torico como símbolo

La ciudad presenta en su escudo un toro y encima de él una estrella. Su origen es muy discutido y han surgido leyendas que relacionan la fundación de la ciudad en el siglo XII, con el hallazgo de ese animal sobre el que brillaba un lucero en el cerro donde se establecería la ciudad. Sin embargo, parece que ya se usaban con anterioridad estos elementos juntos al haber monedas romanas con esta simbología.

Asturias tiene el título de Principado por los príncipes herederos de Castilla primero y de España después. En 1388, el rey Juan I de Castilla creó el título de Príncipe de Asturias para su hijo y sucesor, el futuro Enrique III el Doliente, y puso bajo su control toda la región. Con los Reyes Católicos el título pasó a ser honorífico, pero la región siguió siendo considerada como principado hasta la actualidad.

Oviedo guarda en la Cámara Santa dos recuerdos de los primeros reyes de Asturias
Son: la Cruz de los Ángeles, una donación del rey Alfonso II el Casto y que aparece en el escudo de la capital ovetense; y la Cruz de la Victoria, un regalo de Alfonso III el Magno y que fue usada para el escudo y la bandera de Asturias. Aunque junto a ellos sobresale otra reliquia muy apreciada, el Sudario con el que se dice que se envolvió el rostro de Cristo cuando lo bajaron de la cruz.

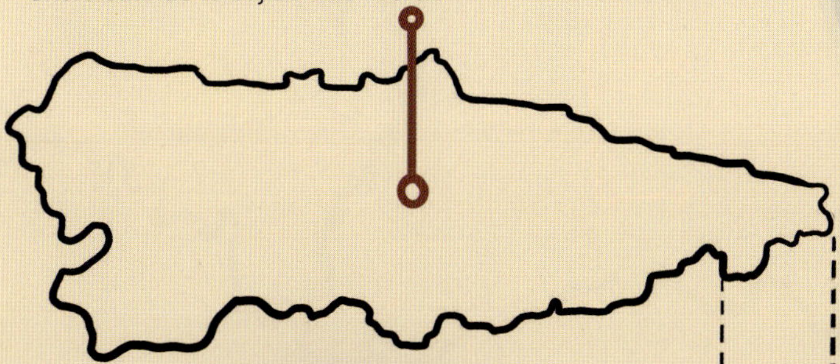

Santander fue el escenario de la peor tragedia civil de la España del siglo XIX
El 3 de noviembre de 1893, a las 13.30, se declaró un incendio a bordo del barco de vapor *Cabo Machichaco*, el cual transportaba, entre otros productos, ácido sulfúrico y 51 toneladas de dinamita. El incendio atrajo la curiosidad de mucha gente y se mandó ayuda para sofocarlo. Después de tres horas, el barco estalló con tal fuerza que la explosión en sí y los restos del navío se llevaron por delante la vida de 590 personas, incluyendo casi todas las autoridades civiles y militares de la ciudad, así como decenas de edificios, además de dejar cientos de heridos.

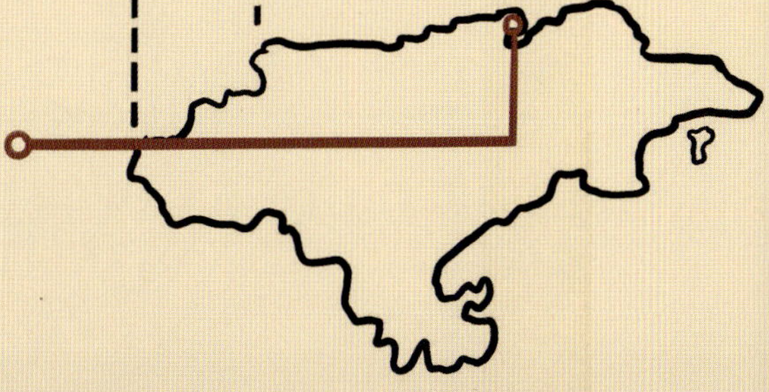

Cantabria tiene en su escudo un recuerdo de la conquista castellana de Sevilla. El almirante Ramón de Bonifaz y su armada, los cuales eran cántabros, consiguieron romper la cadena que cerraba el paso del Guadalquivir el 3 de agosto de 1248. Esto permitió a la flota castellana llegar hasta la capital hispalense.

Toledo tuvo una importante comunidad mozárabe durante todo su periodo andalusí
Estos mozárabes o cristianos en territorio musulmán consiguieron mantener la presencia cristiana y conservar los antiguos ritos litúrgicos desarrollados en la época visigoda, hasta que Alfonso VI conquistó la ciudad en 1085. Aprendieron el árabe y fueron uno de los grupos encargados de la traducción de textos musulmanes para su difusión por la Europa cristiana.

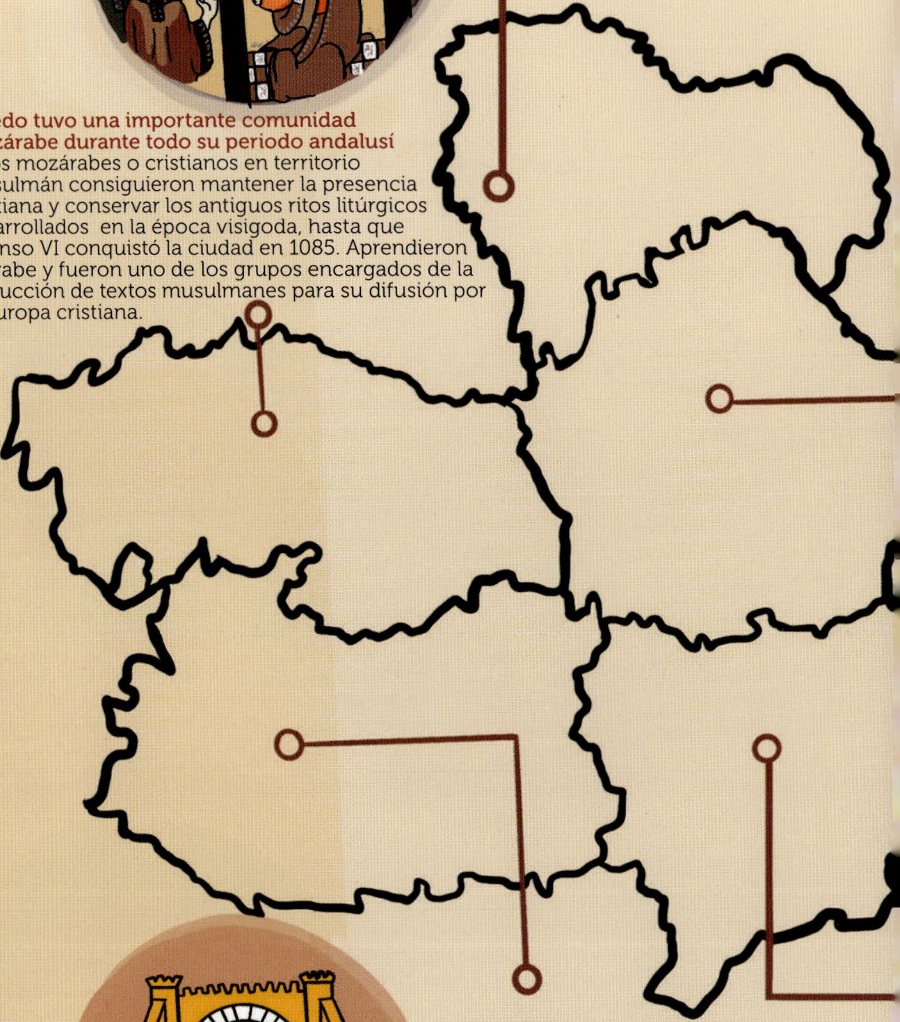

Ciudad Real recibió el sobrenombre de "la capital de La Mancha"
Más en concreto, se trata de la provincia de La Mancha, que existió de 1691 y 1833. Esta se extendía por las actuales provincias de Ciudad Real, Albacete, Cuenca, Toledo y Jaén. Durante su existencia, Ciudad Real fue su capital, salvo entre 1750 y 1761, cuando pasó a Almagro.

Guadalajara vivió una época de esplendor gracias a los Mendoza

Esta importante familia nobiliaria se instaló en la ciudad en la segunda mitad del siglo XIV, lo cual estimuló su desarrollo e importancia. Sin embargo, esto duró hasta el siglo XVII, cuando los Mendoza se trasladaron a Madrid.

Cuenca contó con uno de los fueros más prestigiosos de los reinos cristianos peninsulares

Este conjunto de leyes fue dado a la población a finales del siglo XII por Alfonso VIII de Castilla, el de las Navas, y sirvió de modelo para muchos que se dieron en Aragón, Castilla, León y Portugal, por la gran cantidad de libertades y garantías judiciales que recogía.

Albacete es conocida como la Nueva York de La Mancha

Fue utilizada por primera vez por el escritor Azorín en un poema que dedicó a la ciudad por el progreso que experimentó a finales del siglo XIX. Esta evolución de la capital quedó reflejada en sus edificios y el alumbrado instalado en aquella época.

Castilla-La Mancha fue conocida anteriormente como Castilla la Nueva después de la división de provincias de 1833. En ese momento solo contaba con las provincias de Ciudad Real, Cuenca, Guadalajara y Toledo ya que Albacete fue unida a la región de Murcia. El apelativo de Nueva la distinguía de lo que ahora es Castilla y León al haber sido anexionada a la Corona castellana a partir de finales del siglo XI.

Castilla y León utiliza en su bandera el color tradicional de Castilla. Durante siglos Castilla utilizó como color propio el rojo, o su variante carmesí. Pero se creó una confusión en este tema, porque, con el paso de los siglos, los pendones castellanos más antiguos perdieron su color original y tomaron un tono morado.

Palencia fue defendida con éxito en el siglo XIV por mujeres

Después de que el duque de Lancaster desembarcara en la península para hacer valer su título de rey de Castilla, conquistó diferentes plazas. Al llegar a Palencia se encontró una fuerte resistencia protagonizada por mujeres, ya que la mayoría de hombres había ido al frente. Evitaron que la ciudad cayera y el rey Juan I concedió a perpetuidad a las palentinas el privilegio de ser caballeros de honor y portar la banda de oro característica de esta distinción.

León es considerada oficialmente la cuna del parlamentarismo

En 1188 el rey Alfonso IX de León convocó a los Tres Estados, clero, nobleza y los representantes de las ciudades, a Cortes en el claustro de la basílica de San Isidoro de la ciudad leonesa. Era la primera vez que el pueblo participaba en este tipo de asambleas con voto.

Valladolid fue durante un tiempo capital de España

En 1601, el duque de Lerma, valido del rey Felipe III, convenció al monarca para trasladar la corte a esta ciudad. Esto no duró mucho, pues en 1606 la corte volvió a Madrid. El traslado enriqueció al duque al comprar terrenos a bajos precios y venderlos a un precio mayor a los nobles de ambas ciudades. También se piensa que quiso alejar al rey de la influencia de su tía, María de Austria, quien no veía bien la labor de Lerma.

Zamora "no se ganó en una hora"

Esta expresión viene de la resistencia que mostraron los zamoranos cuando en 1072 el rey Sancho II intentaba tomarla al estar en manos de su hermana doña Urraca. Durante el asedio el monarca fue asesinado por Vellido Dolfos. Su hermano, el rey Alfonso VI, fue señalado como instigador. La leyenda cuenta que el propio Cid hizo jurarle que no estaba involucrado en ese suceso con la llamada Jura de Santa Gadea, algo que nunca ocurrió.

Salamanca cuenta con la universidad más antigua en funcionamiento en España

Aunque no fue la primera en ser fundada, ya que fue el Estudio General de Palencia, la de Salamanca es la universidad más antigua en activo al ser fundada en 1218 y gozar durante siglos de prestigio a nivel internacional.

Burgos vio las primeras leyes españolas sobre América
En 1512, el rey Fernando el Católico firmó las Leyes de Burgos, la primera legislación sobre los nativos americanos. En ellas se regularon elementos como la prohibición de la esclavitud de los indígenas, de los malos tratos hacia estos y del trabajo de las mujeres embarazadas a partir de los cuatro meses, entre otras normas. Se han visto en estas leyes un precedente de los actuales derechos humanos.

Soria es llamada Cabeza de Estremadura o Extremadura
Aunque asociemos actualmente Extremadura con la comunidad autónoma de este nombre, hubo dos regiones con esta denominación en la Edad Media. Una era la leonesa, que se encontraba al norte de la actual Cáceres y da nombre a la comunidad. La otra era la castellana, que se extendía entre el Duero y el Tajo y tenía como capital Soria.

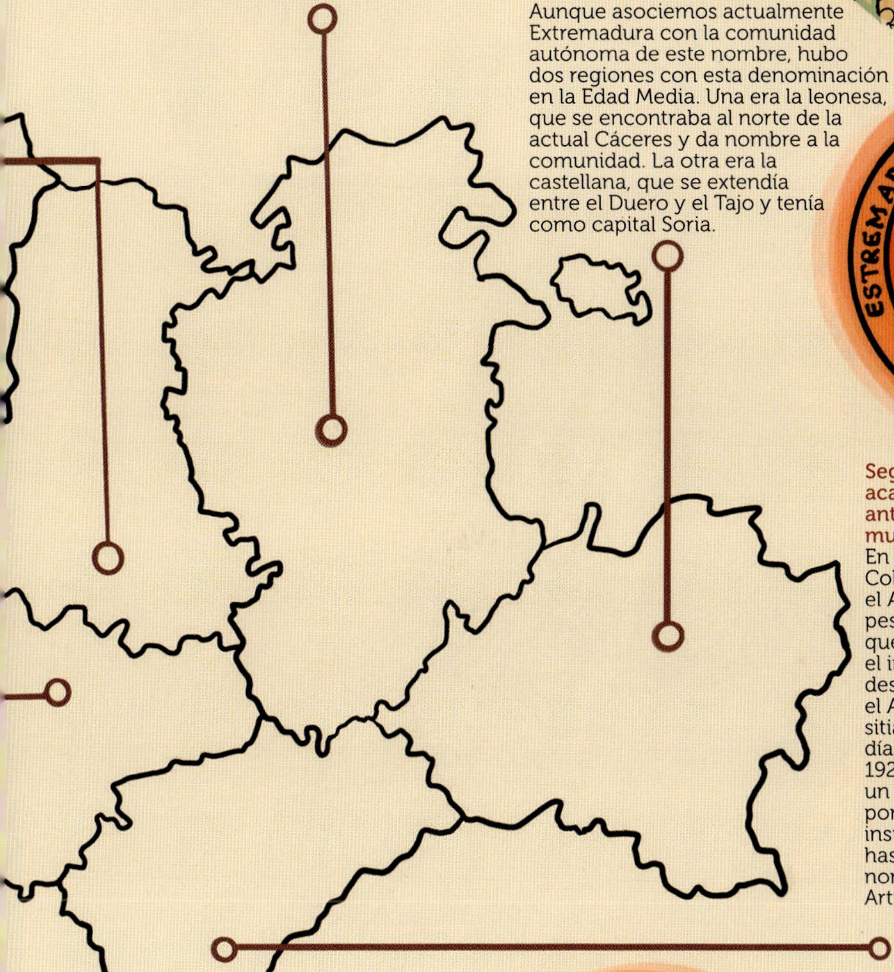

Segovia es sede de la academia militar más antigua en activo del mundo
En 1764 se fundó el Real Colegio de Artillería en el Alcázar de la ciudad. A pesar de los problemas que ha afrontado, incluido el incendio de 1862 que destruyó en gran parte el Alcázar y el haber sido sitiado en su nueva sede los días 5 y 6 de septiembre de 1926 por negarse a acatar un real decreto promulgado por Primo de Rivera, esta institución militar ha llegado hasta la actualidad con el nombre de Academia de Artillería de Segovia.

Ávila acogió y defendió a tres reyes cuando eran menores de edad
El primero fue el leonés Alfonso VII el Emperador, para protegerlo de los intereses de su padre Alfonso I de Aragón El Batallador. Después acogieron al castellano Alfonso VIII, el de las Navas, porque lo perseguía su tío, el rey Fernando II de León. El último en refugiarse allí fue Alfonso XI durante las disputas por quiénes serían los regentes mientras era niño.

Las ciudades autónomas de Ceuta y Melilla son las dos únicas localidades en el norte de África que España ha retenido bajo su dominio. Durante la Edad Moderna España conquistó algunas poblaciones del norte de África. La mayoría cayeron rápidamente, pero algunas resistieron durante bastante tiempo como las ciudades argelinas de Orán (1509-1708, 1732-1792) y Mazalquivir (1505-1708, 1732-1792).

Ceuta fue parte de la Diócesis romana de Hispania durante más de un siglo
Cuando el emperador Diocleciano reagrupó las provincias romanas en diócesis para su mejor administración y defensa, creó la de Hispania. En ella se incluyeron las que había en la Península Ibérica más la Mauritania Tingitana, a la cual pertenecía Ceuta, llamada entonces Septem Fratres y, posteriormente, se incluyeron las Baleares.

Melilla estuvo dentro de los dominios del Reino de Toledo
En 614 el rey Sisebuto conquistó la ciudad de manos de los bizantinos, que la habían tomado en el 534. Se mantuvo bajo dominio visigodo hasta finales del siglo VII, cuando pasó a manos de los musulmanes.

Cataluña fue durante un tiempo parte del Imperio carolingio. Después de las luchas entre francos y andalusíes a ambos lados de los Pirineos, Carlomagno creó a finales del siglo VIII la Marca Hispánica, un territorio que serviría de freno a los ataques de los emires omeyas. Esta región estaba dividida en diferentes condados, los cuales tuvieron una gran importancia más adelante.

El Valle de Arán forma parte de Cataluña desde 1411

Fue un territorio muy disputado por los reyes de Aragón y Francia principalmente hasta que, después de la muerte de Martín I, la Generalidad de Cataluña acogió dentro de sus dominios el Valle, porque el síndico de la región ofreció una unión libre y pactada con esta institución.

Lérida contó con la primera universidad de la Corona de Aragón

En 1300 el rey Jaime II de Aragón creó el Estudio General de Lérida gracias a una bula dada por el papa Bonifacio VIII. Esto la convirtió en una de las más antiguas de los reinos cristianos peninsulares y estuvo en funcionamiento hasta el siglo XVIII, cuando fue clausurada por orden de Felipe V.

Gerona fue conocida con el nombre de "ciudad madre de Israel"

En esta ciudad hubo durante la Edad Media una importante comunidad judía y su judería es de las mejores conservadas en Europa. A partir del 1200 se convirtió en uno de los centros más importante de la doctrina cabalística, una corriente de pensamiento místico y esotérico que apareció dentro del judaísmo en el sur de Francia y norte de España.

Barcelona tuvo el primer banco público de Europa

El 20 de enero de 1401 se creó la Taula de Canvi de Barcelona. Con esta se quería contar con un banco respaldado públicamente donde el municipio, otras instituciones y particulares pudieran depositar su dinero sin temor a perderlo y facilitar cierto tipo de préstamos.

Tarragona fue una de las ciudades más importantes de la Hispania romana

Con el nombre de Colonia Iulia Urbs Triumphalis Tarraco, antes era una ciudad íbera que mostró su amistad con Roma desde la Segunda Guerra Púnica en el siglo III a. C. Al final de la República y durante el Imperio romano la ciudad cobró una importancia extraordinaria como capital de la provincia hispana de la Tarraconense.

La Comunidad de Madrid actual estuvo poblada desde el Paleolítico Inferior. Desde esa época la región fue experimentando altibajos de población según las circunstancias históricas, hasta que la creciente importancia que fue adquiriendo Madrid capital contribuyó a su crecimiento y desarrollo.

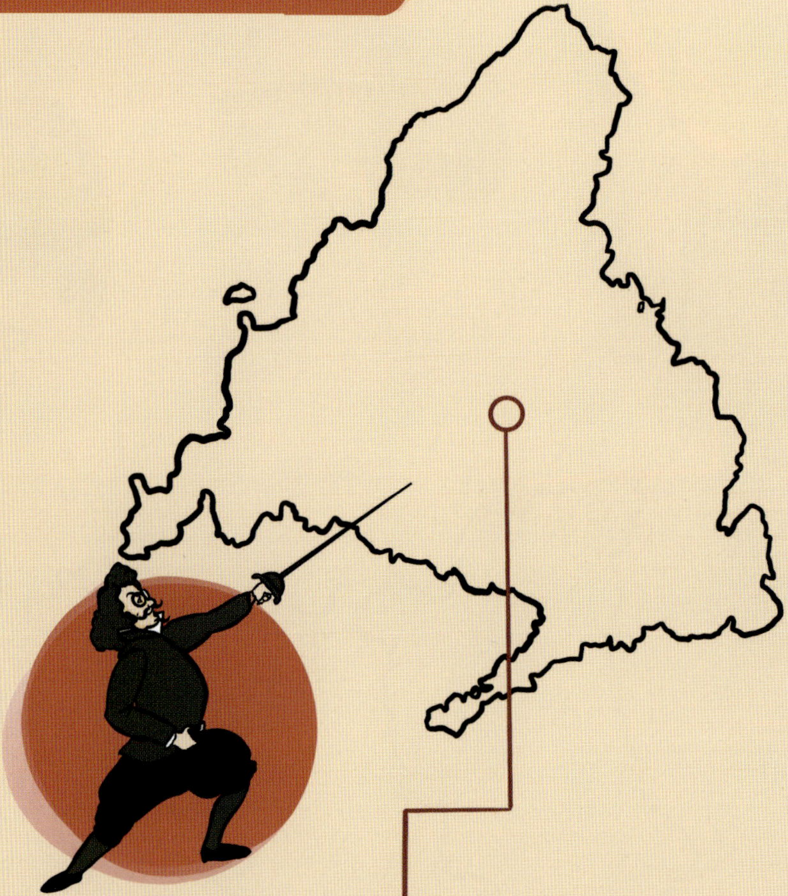

Madrid fue territorio "armenio" durante unos años

León V fue rey armenio de Cilicia, una región en el sudeste de la actual Turquía, entre 1374 y 1393. Fue capturado por los mamelucos egipcios en 1375 y liberado gracias a la mediación del rey Juan I de Castilla. Este le concedió el señorío de Madrid, entre otras localidades, y rentas con validez hasta la muerte de León. Sin embargo, los madrileños nunca le tuvieron aprecio.

La Comunidad Valenciana, en parte, se convirtió en un territorio autónomo cristiano durante los primeros años de de Al-Ándalus. Cuando llegaron los musulmanes a la península, el noble visigodo Teodomiro, establecido en Orihuela, hizo un pacto con los nuevos gobernantes por el cual consiguió mantener cierta autonomía sobre una región que ocupaba parte de Murcia, Alicante y Valencia. Sin embargo, Abderramán I terminó por incorporarlo a sus dominios.

Castellón de la Plana estuvo gobernada por el futuro rey de Castilla, Enrique de Trastámara
La ciudad pasó por manos de diferentes nobles hasta llegar a manos de Enrique. Cuando este salió vencedor de la guerra contra su hermanastro, el rey Pedro I el Justiciero, vendió Castellón al rey de Aragón.

Valencia custodia en su catedral el que puede ser el verdadero Santo Grial
En una capilla de la catedral se guarda como reliquia el Santo Cáliz, una copa tallada en calcedonia y datada, como fecha muy tardía, en el siglo I a. C. y que la tradición señala que habría sido la copa que utilizó Cristo en la Última Cena. Este cáliz había pasado primero de Jerusalén a Roma, de aquí fue mandado a Hispania en el siglo III para evitar su destrucción por las persecuciones y después de ser depositada en varias localidades, terminó por ser custodiado en Valencia.

Alicante fue ciudad castellana durante un tiempo
En 1248 las tropas cristianas comandadas por el futuro Alfonso X el Sabio entraron en Alicante e incorporaron la ciudad a la Corona de Castilla. Sin embargo, una sublevación mudéjar llevó a Alfonso a pedir ayuda a Jaime I el Conquistador para que se encargara de sofocar la revuelta. Esto hizo que aumentara la población aragonesa en la región y preparar el terreno para que ayudaran en 1296 a que el rey Jaime II de Aragón se apoderara de la ciudad y pasara a formar parte del Reino de Valencia.

Extremadura es cuna de conquistadores. Aquí nacieron, entre otros, Hernán Cortés, que conquistó el Imperio azteca; Francisco Pizarro, quien se hizo con el Imperio inca; Pedro de Valdivia, que conquistó el actual Chile y le dio el nombre de Nueva Extremadura; y Vasco Núñez de Balboa, primer europeo en ver el Océano Pacífico, al que dio el nombre de Mar del Sur.

Cáceres fue sede en 1790 de la Real Audiencia de Extremadura
Era la máxima institución judicial de la región y gracias a su presencia la ciudad experimentó un importante desarrollo, ya que atrajo a nueva población.

Badajoz contribuyó decisivamente a la financiación del viaje del Descubrimiento
Desde el obispado de la ciudad se entregaron 1 140 000 maravedís de los dos millones que costó el primer viaje de Colón en 1492.

Mérida fue una de las ciudades más importantes de la Hispania romana y visigoda
Fue fundada en el 25 a. C. con el nombre de Colonia Iulia Augusta Emerita para asentar a veteranos romanos y se convirtió en una localidad tan destacada que para mediados del siglo IV, el poeta romano Ausonio la colocó en el noveno lugar de las ciudades más importantes del Imperio, por delante de Atenas incluso.

Galicia tuvo siete capitales o ciudades principales durante la Edad Media y Moderna.
Son las actuales localidades de Betanzos, La Coruña, Lugo, Mondoñedo, Orense, Santiago de Compostela y Tuy. Su recuerdo se ha conservado en las siete cruces del actual escudo de la comunidad.

La Coruña tuvo que ser refundada
Aunque ya había poblaciones antiguas y se establecieron allí los romanos, los ataques periódicos de los vikingos a las costas gallegas provocaron que los habitantes abandonaran el lugar en busca de localidades con mejores defensas. En 1208, el rey Alfonso IX de León refundó la ciudad en lo que se conoce como la Ciudad Vieja.

Santiago de Compostela se levanta sobre restos romanos
Aunque la historia sobre la Tumba de Santiago señala que apareció en mitad de la naturaleza, las excavaciones realizadas bajo la catedral desde el siglo XIX muestran una necrópolis en uso durante varios siglos.

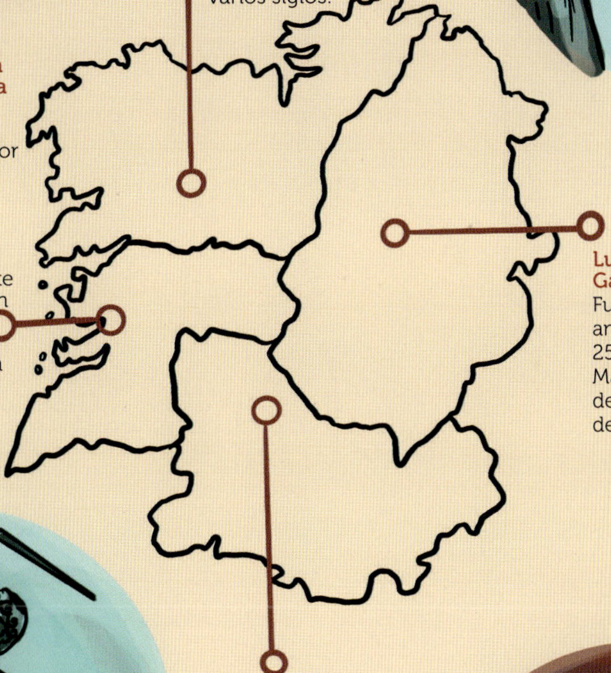

Pontevedra remonta sus orígenes hasta la Guerra de Troya
La leyenda popular señala como fundador a Teucro, uno de los héroes de aquella guerra que llegó hasta las costas gallegas para fundar un asentamiento. Este personaje aparece en la *Ilíada* de Homero y es presentado como un arquero insuperable.

Lugo es la ciudad de Galicia más antigua
Fue fundada cerca de un antiguo castro hacia el 25 a. C. por Paulo Fabio Máximo. Recibió el nombre de Lucus Augusti en honor del emperador Augusto.

Orense fue temporalmente sede de la corte del "rey de Castilla", el duque de Lancaster, Juan de Gante, a finales del siglo XIV
Al casarse por segunda vez con Constanza, hija del rey Pedro I el Justiciero, el duque y su esposa se proclamaron reyes de Castilla frente a Juan I Trastámara. Sin embargo, renunciaron a sus pretensiones cuando Juan I aceptó casar a su heredero Enrique con la hija de aquellos, Catalina de Lancaster.

La Palma contó con el tercer puerto en importancia del Imperio español

En los siglos XVI y XVII solo era superado por Sevilla y Amberes. Sin embargo, tuvo como consecuencia que convirtió a la isla en un objetivo de los ataques de los piratas.

Tenerife fue atacada sin éxito por el almirante Horatio Nelson

En 1797 los ingleses intentaron por tres veces capturar la isla, pero la defensa organizada por el general Antonio Gutiérrez de Otero lo impidió. En el transcurso del tercer y último intento, Nelson perdió su brazo derecho por una bala de cañón mientras intentaba desembarcar.

Lanzarote recibe su nombre de un genovés

En torno al año 1312, un navegante llamado Lanceloto Malocello volvió a descubrir la isla para los europeos. La primera vez que se puso la isla en un mapa en 1339 era nombrada como isla de Lanceloto y el nombre evolucionó hasta su forma actual.

Fuerteventura tiene una localidad que recuerda la conquista señorial de las Canarias

Se trata de Betancuria. Recibe su nombre de Juan de Bethencourt, noble normando que conquistó las primeras tres islas canarias a principios del siglo XV.

La Gomera no fue conquistada

La incorporación de las Islas Canarias a la Corona de Castilla se hizo principalmente por medio de campañas militares. Sin embargo, se cuenta que hubo una excepción en esta política y fue La Gomera. Esta ínsula habría sido incorporada por medio de acuerdos con los jefes locales, aunque las relaciones entre nativos y castellanos fueron muy conflictivas.

En Gran Canaria fue escenario de la Gesta de El Batán

En 1599 una flota holandesa al mando de Van der Droes atacó en Las Palmas de Gran Canaria, que cayó después de una feroz resistencia. Pero los españoles hostigaron a los atacantes hasta que en El Batán los isleños derrotaron y expulsaron a los holandeses, quienes creían que aquellos eran más numerosos de los que realmente eran. Destacaron el capitán general Alonso Alvarado, quien murió por una herida recibida defendiendo Las Palmas, y Antonio Pamochamoso, que sustituyó a aquel al frente de la resistencia.

El Hierro era conocida como la Isla del Meridiano.

En el siglo II, el astrónomo Ptolomeo estableció el meridiano cero en la isla más occidental de las Canarias, que en el siglo XIV ya era llamada El Hierro, al ser el extremo más occidental del mundo conocido. Así se mantuvo durante siglos, incluso los franceses respetaron esta tradición en el siglo XVII, hasta 1884, cuando se trasladó al que pasa por Greenwich por consenso de científicos de diferentes países.

Las Islas Canarias son conocidas como las Islas Afortunadas. El mundo clásico hablaba de unas islas paradisíacas en el Atlántico donde vivían las almas virtuosas, y los autores griegos y romanos identificaron las Canarias con aquel lugar mítico cuando conocieron su existencia.

Las Islas Baleares reciben su nombre de los honderos.
El término *Baleares* es de origen púnico y significa "maestros lanzadores o del lanzamiento". Los habitantes alcanzaron una gran fama como expertos honderos y sus servicios fueron requeridos tanto por los ejércitos cartagineses como, después, por los romanos.

Menorca estuvo varias veces bajo dominio inglés
En 1708, durante la Guerra de Sucesión, los británicos se apoderaron de la isla y la mantuvieron bajo su control hasta 1782, salvo el periodo de 1756 a 1763, en manos francesas. Los ingleses volvieron en 1798 para finalmente devolver la isla a los españoles en 1802. No obstante, la recuperación de 1782 dio origen a la celebración de la Pascua Militar cada 6 de enero para inaugurar el año militar.

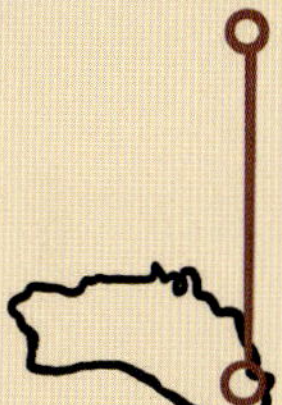

Ibiza tuvo un pasado fenicio significativo
Cuando los fenicios llegaron a finales del siglo VII a. C. desde el otro lado del Mediterráneo, decidieron construir varios asentamientos en la isla, al valorar los recursos naturales y su posición estratégica en las rutas comerciales que habían abierto con sus viajes.

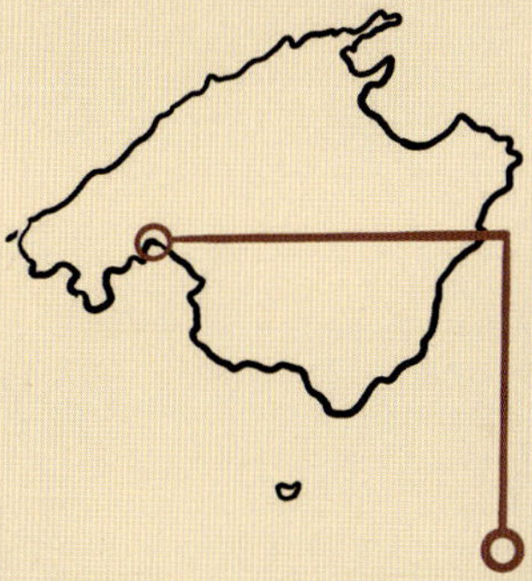

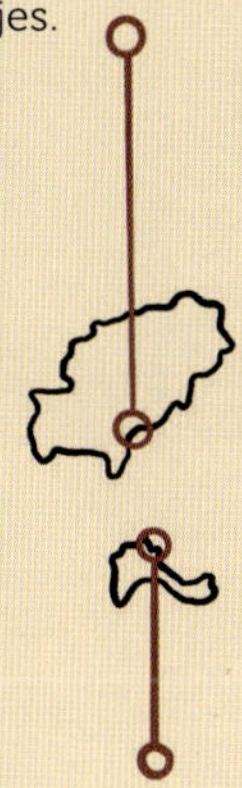

Mallorca fue la sede de una importante Escuela cartográfica
Los mallorquines jugaron un papel muy importante en la expansión marítima y el comercio de Aragón por sus conocimientos. Gracias a estos, en la segunda mitad del siglo XIV se formó una escuela compuesta por judíos principalmente y algunos cristianos, dedicada a la elaboración de cartas náuticas y mapamundis para facilitar la navegación.

En Formentera se conserva el monumento funerario megalítico más importante de las Baleares
Se trata del sepulcro megalítico de Ca Na Costa, datada en el 2000 a. C. y el 1600 a. C. Se compone de una cámara funeraria con un corredor de entrada y tres anillos circulares que rodean la cámara.

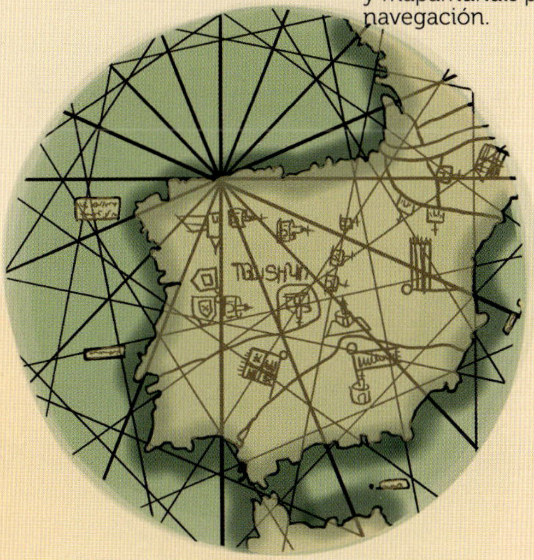

La Rioja fue sede de un efímero reino medieval. Entre los siglos X y XI existió el reino de Nájera, con capital en esta localidad riojana. Creció su importancia en 925, cuando su rey, García Sánchez I, se convirtió también en monarca de Pamplona. Sin embargo su existencia fue efímera, ya que los ataques andalusíes y el empuje que tuvieron los reinos vecinos provocaron su decadencia hasta que prácticamente se extinguió el reino con la muerte de Sancho Garcés IV en 1076. El título de rey de Nájera no desapareció definitivamente hasta el reinado de Fernando III el Santo en el siglo XIII.

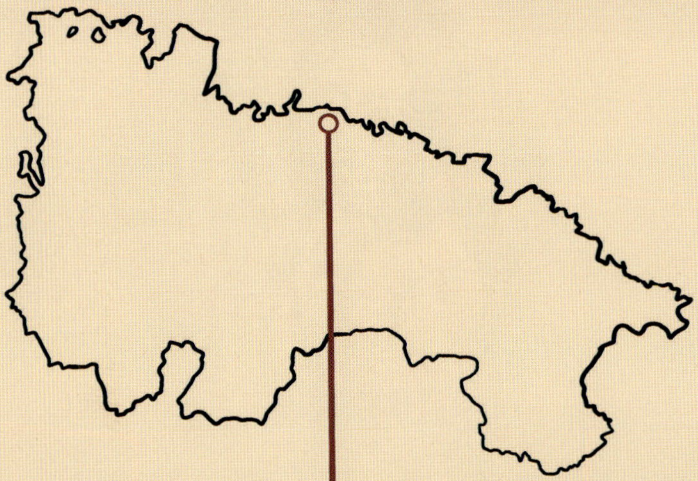

Logroño fue el escenario del juicio de las Brujas de Zugarramurdi en el siglo XVII
En 1610 fueron condenados a la hoguera cuatro mujeres y dos hombres por el cargo principal de brujería, cinco personas fueron quemadas en efigie al haber fallecido y dieciocho fueron reconciliadas. La sentencia no fue bien vista desde dentro de la Inquisición y el inquisidor Alonso de Salazar y Frías consiguió que en 1614 se convirtiera en política oficial de la institución no dar crédito a ese tipo de acusaciones.

Pamplona es el fruto de la unión de tres burgos previos

Durante la Edad Media la ciudad estaba formada por tres burgos independientes entre sí, con sus propias murallas y autoridades, Navarrería, San Cernin y San Nicolás, hasta que el 8 de septiembre de 1423 el rey Carlos III el Noble firmó el Privilegio de Unión. Gracias a este, los burgos se unificaron en una sola ciudad.

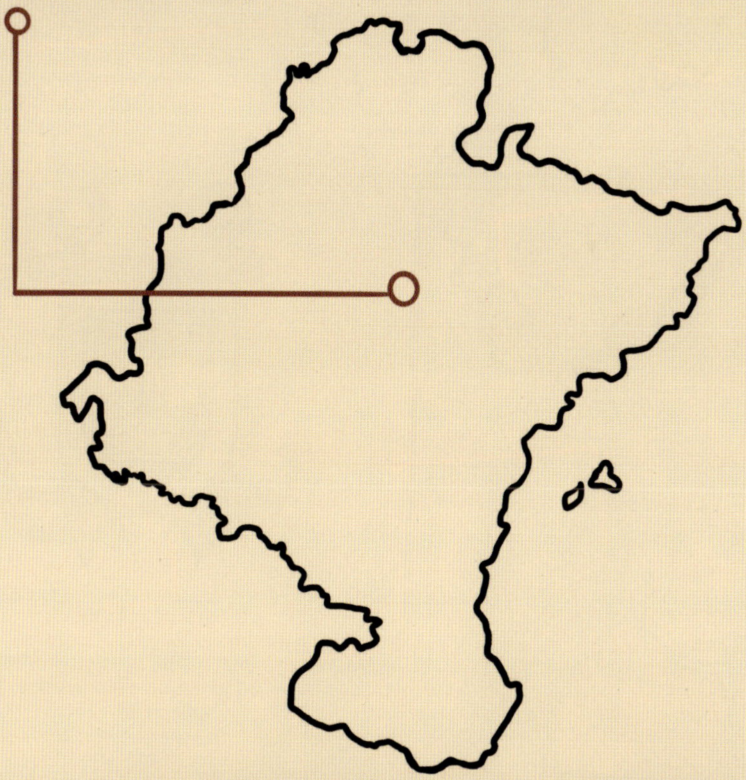

Navarra era mucho más extensa de lo que es actualmente. El antiguo reino de Navarra llegó a extenderse hasta el otro lado de los Pirineos, pero tras su conquista por orden del rey Fernando el Católico y las dificultades de Carlos V para defender parte del territorio, el reino se dividió de manera que la Alta Navarra quedó en manos españolas y la Baja Navarra, al otro lado de los Pirineos, en las de Francia.

El País Vasco cuenta con un idioma propio muy singular, el euskera o vascuense. Es una de las pocas lenguas de origen no indoeuropeo que existieron en Europa y la única que todavía se sigue utilizando.

Bilbao fue fundada oficialmente en 1300
Su fundador fue Diego López V de Haro, quien, al ser señor de Vizcaya, concedió a una pequeña aldea de pescadores la categoría de villa y puerto mercantil exento de tributos al rey de Castilla.

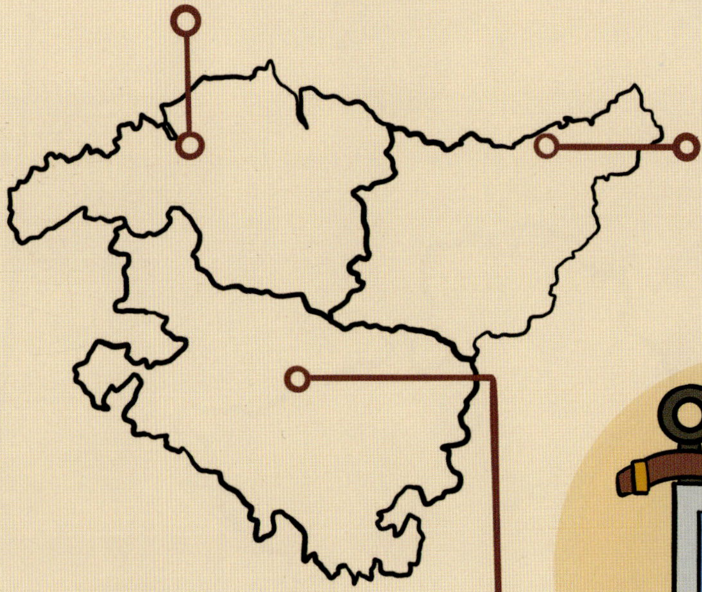

San Sebastián fue una importante plaza militar durante toda la Edad Moderna
Debido a su posición estratégica se convirtió en una base de la Armada española, que tenía que enfrentarse en numerosas ocasiones a sus vecinos franceses, ingleses y holandeses. Gracias a la resistencia que mostró en numerosos asedios, pasó de ser una villa a ciudad en 1662.

Vitoria acogió durante más de un mes a un Papa electo
Era Adriano de Utrecht, preceptor de Carlos V en su juventud. Se encontraba en la ciudad, en la Casa del Cordón, como regente en ausencia de Carlos para preparar la defensa de Navarra frente a los franceses cuando un 22 de enero de 1522 recibió la noticia de que había sido elegido papa. Sería el último no italiano en ocupar la Santa Sede hasta Juan Pablo II.

La región de Murcia formó parte de la provincia bizantina de Spania. Cuando el emperador Justiniano I subió al trono en 527, tenía la intención de volver a restaurar el Imperio romano en su extensión original. Para ello promovió diferentes campañas militares de conquista, y entre ellas consiguió que parte del sureste de la península pasara a formar parte del Imperio Romano de Oriente desde el 552 hasta el 624. Esta ocupó lo que ahora es Murcia y parte del sureste peninsular.

Murcia fue fundada oficialmente como ciudad 25 de junio de 825

Aunque hay constancia de poblamientos previos, la actual ciudad de Murcia fue fundada en esa fecha por el emir Abderramán II para afianzar el poder de los Omeyas en esta región, que presentaba graves problemas por las peleas entre tribus rivales.

Cartagena ocupó un papel protagonista durante la Revolución Cantonal de 1873

Después de la llegada de la Primera República aparecieron por toda España cantones que proclamaron su independencia, ya que se quería formar una república de tipo federal. Entre ellas se constituyó la de Murcia con capital en Cartagena, la cual fue la ciudad que más resistió, desde el 12 de julio de 1873 al 12 de enero de 1874.

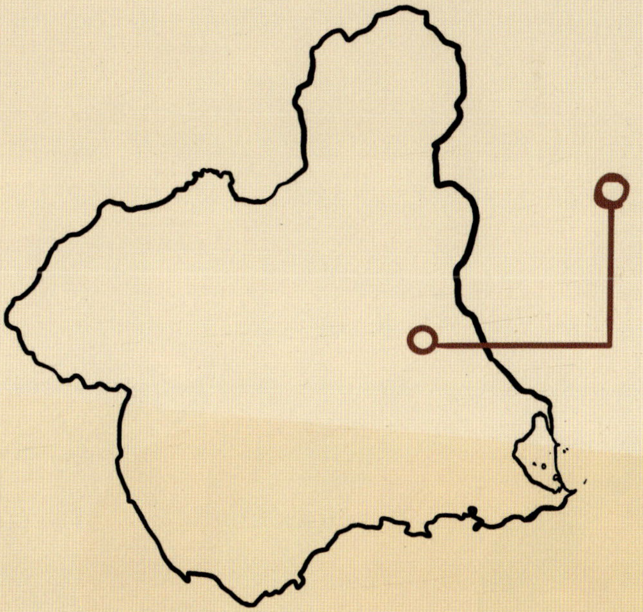

Se me antojan tristes, fúnebres, en estampas de ferias y mercados, los coloquios de unos y otros hablando de algo que nunca conocieron, ni quisieron conocer. Hablan de nuestras estirpes, de quién fue el mejor señor o el héroe más grande de nuestra acaudalada historia. Riñen en tabernas, aberturas y calles, velados palacios, fastuosos lupanares. Discuten, se maldicen y, en fin, departen sin noción. Me pregunto cuánto ser ignoto, figura incierta, beligerante humano, sigiloso intelectual no alcanzó sus oídos, no quebrantó sus anhelos, cuánta colosal doncella no abrumó sus coartadas mentes.

Se me antoja también repasar a unos pocos, de entre tantos, y devolver sus genuinas hazañas, prodigiosas mentes y hercúleas formas al lugar que les corresponde: la eternidad de las letras y la historia.

Que ya lo dijo el ilustre Lope, en su «*Dragontea*», haciendo cortos los premios que pueda darle:

> ¡Oh, patria! Cuántos hechos, cuántos nombres,
> cuántos sucesos y victorias grandes...
> Pues que tienes quien haga y quien te obliga,
> ¿por qué te falta, España, quien lo diga?

2 PERSONAJES DESCONOCIDOS

¿Conoces a...

El deportista hispano mejor pagado de la Historia

Esta persona vivió en el siglo II d. C., durante los reinados de los hispanos Trajano y Adriano, y su nombre era **Cayo Apuleyo Diocles**. Nació en la provincia de la Lusitania, que se corresponde con una buena parte de la actual Portugal, Extremadura y Salamanca, del que conocemos menos de lo que nos gustaría. Empezó a trabajar con 18 años como auriga y dos años más tarde consiguió la primera victoria de las muchas que cosecharía en su vida. Habría empezado en el equipo blanco, ya que en el mundo romano había hasta cuatro facciones o equipos; de aquí pasaría al verde y por último al rojo, donde obtuvo sus grandes triunfos. El único equipo en el que no estuvo fue el azul. Se calcula que participó en 4.257 carreras y ganó en 1.462 ocasiones, mientras que en las demás quedó en segunda posición, o al menos entre los cuatro primeros puestos. Además, corría con carros tirados de dos a siete caballos. El público estaba entusiasmado con él y cuando se retiró había ganado 35 millones de sestercios. Para hacerse una idea de la enormidad de lo conseguido, para entrar en el orden senatorial, el grupo social más importante en el mundo romano, se requería tener un millón de sestercios. La muerte le vino en Preneste antes de cumplir los cincuenta y dejó dos hijos.

La viajera que escribió el primer libro de viajes

Su nombre es **Egeria**, una mujer hispanorromana del siglo IV. Según la información disponible, procedía de una familia de clase social alta originaria de la provincia de Gallaecia, que viene a situarse en la actual Galicia. Al parecer, formaba parte de una comunidad de vida religiosa, aunque tenía la libertad y los medios necesarios para hacer un viaje hasta el otro extremo del Mediterráneo. Su periplo la llevó hasta los Santos Lugares, Egipto, Mesopotamia y Asia Menor, incluyendo Constantinopla. Recogió información muy interesante de estas regiones y sus costumbres en el considerado el primer libro de viajes con un autor conocido. Su estilo es sencillo y preciso y muestra a una mujer muy culta, sin alardear de sus conocimientos. Sin embargo, su vida permanece envuelta en el misterio y no se sabe nada sobre su muerte. Habría permanecido en la sombra de no ser por el descubrimiento en 1884 de un códice del siglo XI con parte de su libro, y que en 1903 se señalara a ella como su autora.

El compilador de los saberes del mundo clásico

Isidoro (h. 560-636) llegó al mundo en el seno de una importante familia hispanorromana que dio cuatro hijos relevantes en el mundo visigodo y que serían reconocidos como santos: Leandro, arzobispo de Sevilla y uno de los principales impulsores de la conversión de Hermenegildo y, después, de Recaredo, y con él de los visigodos, al catolicismo; Fulgencio, obispo de Écija; Florentina, que llegó a ser abadesa; y el propio Isidoro. Por lo que muestran sus escritos, aprovechó muy bien la educación que recibió, sobre todo de parte de su hermano Leandro, a quien sucedió en la sede episcopal de Sevilla en 599 o 600 y en ella permaneció hasta su muerte. Antes de eso no se tienen datos seguros de su vida, aunque se piensa que pudo ser monje. Gracias a sus reconocidos méritos y conocimientos, presidió el IV Concilio de Toledo en 633, uno de los sínodos más importantes celebrados en la época visigoda por la extensa legislación que se promulgó tanto a nivel civil como a nivel eclesiástico. Durante toda su vida se dedicó al estudio y la redacción de tratados donde mostraba sus vastos conocimientos en teología, filosofía, historia, lingüística y ciencias. Todo esto fue recogido en su obra magna, las *Etimologías*. Se trata de una de las primeras enciclopedias escritas y en ella recogió todo el saber de la época, incluyendo autores clásicos e información del mundo clásico pagano. No obstante, también escribió otros libros muy variados, los cuales fueron muy leídos durante toda la Edad Media y el Renacimiento. Su fama fue reconocida tanto en vida como después de muerto e incluso con el paso de los siglos. La Iglesia lo canonizó formalmente en 1598 y declaró doctor de la Iglesia en 1722, por lo que hoy es conocido como san Isidoro de Sevilla.

La bibliotecaria de Córdoba y Medina Azahara

En la época de Al-Ándalus apareció un grupo numeroso de mujeres principalmente musulmanas que se dedicaron a la literatura, entre las cuales destaca **Lubna** (segunda mitad siglo x). De origen esclavo, se crió en la corte del califa Abderramán III, donde empezó a trabajar como copista en la biblioteca real. Sin embargo, debido a sus grandes capacidades intelectuales y sus inquietudes culturales, entró a trabajar para Alhakén II, un auténtico bibliófilo. El califa la puso al frente de su biblioteca y se encargó tanto de su organización como de traer libros al viajar expresamente a Oriente Medio y Egipto para adquirirlos y copiarlos incluso ella misma. Además, se convirtió en la impulsora de la creación de la biblioteca de Medina Azahara y pudo escribir algunas obras. Por desgracia, no se sabe más de cómo fueron sus últimos días.

La Sayyida vascona

De origen vasco o navarro, **Aurora** (década de 940-999) era muy joven cuando fue llevada cautiva a Córdoba, donde recibió una buena educación en toda clase de conocimientos y artes y se le cambió el nombre por el de Subh. Al crecer, se convirtió en una mujer de gran belleza y destacaba su pelo rubio, muy apreciado en el mundo andalusí. Se ganó el amor del califa Alhakén II, ya que formaba parte de su harén, y le dio su primer hijo varón, Abderramán, y al que sería su sucesor, Hisham II. Gracias a su puesto influyente, introdujo en la corte a un joven árabe yemení llamado Abu Amir, quien empezó un ascenso imparable bajo la protección de Subh. Cuando murió Alhakén, subió al trono, después de algunas dificultades, Hisham, aunque quedaría dominado por su madre y por el yemení, quien con el tiempo quedó como hayib y verdadero señor de Córdoba y sería conocido como Almanzor. Sin embargo, Subh no estuvo de acuerdo con el poder que acaparaba Almanzor y pasó de ser su gran apoyo a conspirar contra él y buscar el medio de alejar a Hisham de su influencia. Sin embargo, murió sin poder conseguirlo.

La primera reina cristiana de la Península por derecho

Se trata de **Urraca I de León la Temeraria** (1081-1126). Era hija de Alfonso VI, el conquistador de Toledo, y Constanza de Borgoña, su segunda mujer. Su padre no estaba conforme con que fuera su primogénita y la pospuso en favor de su hermanastro nacido después, Sancho. No obstante, recibió una excelente educación para gobernar y dirigir ejércitos. Se casó muy joven por primera vez con Raimundo de Borgoña, con quien tuvo dos hijos, el futuro Alfonso VII el emperador y Sancha, y tuvo también que lidiar para no quedar a su sombra. Al morir, primero su hermanastro Sancho y después su padre, Urraca se convirtió en legítima reina de León, y para entonces era una mujer viuda.

Durante su reinado tuvo que enfrentarse a muchos problemas internos y a los provocados por su segundo marido, el rey de Aragón, Alfonso I el Batallador, aunque este matrimonio fue declarado nulo por iniciativa de Urraca y no tuvo descendencia. El aragonés no veía con buenos ojos a su hijastro ni la idea de que fuera su heredero, lo que trajo numerosos conflictos, y tampoco tuvo una buena relación con su mujer. A pesar de los intentos de los aragoneses de hacerse con León y las intrigas internas, además de los ataques musulmanes en las fronteras del reino, Urraca se mantuvo en el trono y consiguió reinar hasta su muerte durante el parto de uno de los hijos que había tenido con el conde Pedro González de Lara.

El Comentador

Cuando nació en la Córdoba almorávide, sus padres le pusieron el nombre de Muhammad ibn Ahmad ibn Muhammad ibn Rushd, pero ha pasado a la posteridad con el nombre de **Averroes** (1126-1198). Su familia estaba muy bien situada en la administración almorávide, ya que su padre fue cadí mayor de Córdoba. Recibió una esmerada educación en teología, derecho, medicina y filosofía aristotélica, de la cual se convirtió en un gran defensor. Ocupó los puestos de cadí en Sevilla y Córdoba y estuvo cerca de los monarcas almorávides. A pesar de sus ocupaciones, dejó importantes escritos que nos han llegado hasta la actualidad, tanto de tipo filosófico como médico. Sus escritos circularon tanto en el mundo musulmán como entre judíos y cristianos europeos. Sus comentarios sobre Aristóteles hicieron que fuera conocido en el continente como el Comentador y considerado como el fundador del averroísmo, una filosofía aristotélica según las explicaciones de Averroes y que tuvo bastante éxito en las universidades cristianas del momento. En sus últimos años de vida, el filósofo fue criticado por sus planteamientos y condenado por los almohades cuando llegaron a la Península. Consiguió recuperar el favor de la corte y murió en Marrakech, donde habían reclamado sus servicios.

El Rambam

De familia judía sefardí de jueces, Moshé ben Maimón, conocido en el mundo cristiano como **Maimónides** (1138-1204), nació en Córdoba durante el dominio almorávide. En sus primeros años lo formaron en la Torá y el Talmud y destacó por su religiosidad. Sin embargo, cuando tenía diez años llegaron los almohades y su familia tuvo que huir de Córdoba por el creciente clima de intolerancia. A pesar de las grandes dificultades que afrontó, Maimónides se formó en ciencias, filosofía y medicina. Toda la familia llegó a Fez, donde el médico se siguió formando hasta el asesinato de su maestro, señal para volver a escapar y buscar refugio en San

Juan de Acre, territorio cruzado. Finalmente el grupo se instaló en Egipto, donde había una mayor tolerancia en aquel momento. Maimónides, por su parte, se trasladó a Fustat, ciudad que forma parte del actual El Cairo, donde vivió hasta su muerte, se casó y tuvo hijos. Llegó a trabajar como médico para el visir de Saladino y para particulares, y también como rabino. Sus comentarios sobre la filosofía de Aristóteles fueron muy apreciados e influyeron incluso en el pensamiento cristiano medieval. Asimismo, escribió sobre medicina e higiene. Para el mundo judío su gran obra, y la que dejó una huella imborrable, fue *Mishné Torá*, un vasto compendio formado por catorce volúmenes donde recogió la legislación judía del momento. Por su actividad fue conocido con el acróstico de Rambam (Rabí Moshé ben Maimón).

La mujer más poderosa de la Iglesia española

En 1187 el rey Alfonso VIII de Castilla y su mujer, Leonor de Plantagenet, hija de Enrique II de Inglaterra y Leonor de Aquitania, fundaron en Burgos el monasterio cisterciense femenino de Santa María la Real de las Huelgas. Aunque en un principio parecía ser otro más, el impulso de los reyes lo convirtió en cabeza de monasterios femeninos al estar bajo la autoridad directa del abad general del Císter, y ser escenario de acontecimientos relacionados con la Corona y panteón real. Al frente de Las Huelgas se encontraba **una abadesa**, que tenía a su cargo el buen funcionamiento de la comunidad, el patrimonio y las tierras que poseía el monasterio. La prelada tenía jurisdicción sobre su extenso señorío, nombraba diferentes cargos públicos y recibía tributos y vasallaje de los habitantes de su territorio. Pero también tenía un importante poder a nivel eclesiástico, ya que sus dominios formaban una diócesis nullius, es decir, que no dependía de un obispo, sino de un abad, o en este caso abadesa. Por ello se requería su permiso para que el clero pudiera administrar ciertos sacramentos en sus dominios, así como su licencia para ordenarse; e incluso concedía permiso para casarse. Además, controlaba una serie de monasterios de monjas. Por ello podía utilizar las insignias episcopales de la mitra y el báculo y llegó a estar solamente bajo la autoridad del Papa. La gran autoridad que gozaba hizo que el monasterio fuera de los más selectos y el cargo fuera ocupado por mujeres de la realeza o la alta nobleza. Incluso en el siglo XVIII recibió la categoría de "grande de España", el mayor honor nobiliario al que se podía aspirar. La importancia que tuvo la abadesa era tan conocida a nivel internacional que en el siglo XVI un cardenal sobrino del papa Clemente VIII afirmaba que si el papa se tuviera que casar, solo podría hacerlo con la abadesa de las Huelgas. Esta mantuvo sus amplios poderes hasta que fueron abrogados en el 1873, cuando todos los territorios nullius pasaron a estar bajo la jurisdicción del obispo más cercano, sin que la abadesa pudiera hacer algo para evitarlo.

El rey de las tres religiones

En la localidad zamorana de Peleas de Arriba, en un albergue, nació **Fernando III** (1201-1252), hijo de Alfonso IX de León y Berenguela de Castilla, hija de Alfonso VIII de Castilla, el de las Navas, cuyo matrimonio fue declarado nulo por parentesco entre ambos. Después de la muerte de Alfonso VIII en 1214 y su sucesor Enrique I en 1217, el trono pasó a Berenguela, quien lo cedió a Fernando, el cual se convirtió en soberano de Castilla. Dos años después se casó con Beatriz de Suabia, una mujer de gran cultura con quien tuvo al futuro Alfonso X el Sabio. En 1230 murió su padre Alfonso y, después de la Concordia de Benavente, por la cual sus hermanastras recibieron una compensación a cambio de renunciar a sus derechos dinásticos, Fernando III fue nombrado rey de León, uniendo definitivamente ambos reinos. Unos años antes, el monarca había empezado la conquista del valle del Guadalquivir, pero será después de 1230 cuando la campaña militar experimente un fuerte impulso. En 1226 había conquistado Baeza; en 1234 cayó Úbeda; en 1236, Córdoba; en 1246, Jaén; y en 1248, Sevilla. Durante este periodo se casó en segundas nupcias con Juana de Danmartín, y su heredero Alfonso conquistó la región de Murcia. A pesar de las campañas militares, no descuidó su labor política y cultural, como se puede ver en la promoción del castellano como lengua oficial para redactar leyes y documentos; la construcción de las catedrales de Burgos y Toledo; el impulso a la Universidad de Salamanca, para convertirla en un referente a nivel europeo; y la creación del Reino de Granada, al aceptar el vasallaje en 1246 del primer rey nazarí, Muhammad I Alhamar. Su tolerancia hacia los musulmanes y los judíos de su reino hizo que fuera conocido como el rey de las tres religiones y que se reflejara en el epitafio de su tumba, escrito en castellano, latín, árabe y hebreo. Su muerte en Sevilla fue muy sentida por todos y Alhamar envió una amplia representación a su entierro como gesto de afecto hacia el monarca. Su sincera religiosidad y su fama de santidad le valieron en 1672 su canonización, acompañando en los altares a su primo, canonizado hacía bastante tiempo, el rey Luis IX de Francia.

El árabe cristiano

Uno de los personajes más polifacéticos de los reinos cristianos medievales de la Península fue **Ramón Llull** (1232-1315/16). Nació en Palma de Mallorca en el seno de una familia burguesa. Formó parte de la corte del rey de Aragón, donde llevó una vida mundana. Se casó a los 25 años aproximadamente y tuvo dos hijos. Hacia 1263 se produjo su conversión total que le hizo abandonar su estilo de vida anterior, e incluso a su propia familia, para llevar una vida más religiosa hasta llegar a profesar como terciario franciscano hacia 1295. Fue entonces cuando comenzó el auge de su actividad intelectual y religiosa. Aprendió árabe de un esclavo musulmán y aprendió con monjes y frailes latín, gramática y filosofía. Escribió numerosos libros donde mostró sus amplios conocimientos en todos los campos del saber, usando el mallorquín, el latín y el árabe. Su gran originalidad a la hora de tratar la información ha hecho que sea considerado como un precursor de la informática. Viajó por Europa y el Mediterráneo y se ganó el aprecio tanto de reyes como de clérigos. Toda su actividad tenía una finalidad clara, la conversión de los musulmanes por medio de la persuasión y el estudio de su idioma y filosofía, la cual apreciaba sinceramente, aunque también era un defensor de la idea de las cruzadas para recuperar Tierra Santa. Consiguió que se fundara un monasterio en Mallorca para formar religiosos para evangelizar y que se crearan cátedras de lenguas orientales. Además, se dedicó a predicar a judíos y musulmanes, aunque le valió numerosos problemas y agresiones. Finalmente, murió en el barco que lo llevaba de Túnez, donde había ido a misionar, a Mallorca.

La tres veces reina de Castilla

Una figura muy importante de los reinos cristianos medievales de la península fue María Alfonso de Meneses, más conocida como **María de Molina** (1264-1321), por ser señora de ese lugar. Hija del infante Alfonso de Molina, en 1282 se casó con el que sería Sancho IV de Castilla, hijo de Alfonso X el Sabio, y se convirtió en reina consorte después de que aquel subiera al trono en 1284. Los primeros años fueron muy agitados, ya que el matrimonio fue considerado nulo y

Alfonso X desheredó a Sancho. Eso no impidió que ambos fueran nombrados reyes tras la muerte de aquel. María estuvo al lado del rey durante su difícil reinado hasta que él murió en 1295. Su sucesor era el hijo de ambos, Fernando, y María asumió el cuidado de su hijo con la dificultad de que era considerado ilegítimo y el reino atravesaba por numerosos conflictos, especialmente por las rebeliones de familiares y parte de la nobleza y los problemas con Portugal, Aragón y Francia, que querían aprovecharse de la inestabilidad del reino. María tuvo que afrontar estos desafíos para que su hijo no perdiera el trono hasta que en 1301 su anterior matrimonio fue legitimado y Fernando fue declarado mayor de edad. Este gobernó hasta 1312 como Fernando IV el Emplazado. Durante su reinado María siguió involucrada activamente en la política para defender los intereses de su hijo. Fernando murió y dejó un heredero, el futuro Alfonso XI, quien solo tenía un año. Nuevamente estallaron las disputas por la regencia y María se convirtió en tutora del niño después de la muerte de la madre de este, Constanza, y en regente hasta que falleció en 1321.

La primera embajadora de la Historia

Una de las preocupaciones de Isabel la Católica fue dar una buena educación a todos sus hijos, algo que quedó patente en la última hija que tuvo, **Catalina de Aragón** (1485-1536). Nacida en Alcalá de Henares, Madrid, fue prometida muy joven con el príncipe de Gales, Arturo, con quien se casó en 1501. Su matrimonio fue muy breve, ya que Arturo murió a los pocos meses. En 1507 Catalina actuó como embajadora ante Inglaterra, la primera mujer en la Historia en ocupar un puesto de tal importancia, lo que hizo mostrar sus buenas capacidades y amplios conocimientos. En 1509 se casó con el hermano de Arturo, Enrique VIII, y se convirtió en reina consorte de Inglaterra. Durante los siguientes años actuó de una manera sobresaliente y fue regente del país en 1513, cuando Enrique estaba en Francia en la guerra. En ese momento le tocó lidiar con las luchas entre ingleses y escoceses. Durante su reinado supo ganarse al pueblo inglés, que se benefició de sus actividades, y a los grandes humanistas del momento como el lord canciller Tomás Moro, Erasmo de Rotterdam y Juan Luis Vives. La falta de un heredero varón, ya que solo había tenido una hija que vivió lo suficiente, la futura María Tudor, y la aparición en escena de Ana Bolena en 1525, llevaron a que Catalina quedara relegada. Las peleas entre Enrique y el papado por conseguir la nulidad matrimonial desembocaron en la ruptura de Enrique con Roma, al declararse cabeza de la Iglesia inglesa, y a que el monarca invalidara su propio matrimonio en 1533. Desterrada de la corte, Catalina murió sin dejar de considerarse como reina y esposa legítima de Enrique. Su muerte fue muy sentida por el pueblo e incluso por sus enemigos políticos, y años después el propio William Shakespeare la describió como "Reina de todas las reinas y modelo de majestad femenina".

El precursor español de Galileo y Newton

Domingo de Soto (1494/1495-1560) nació en Segovia en el seno de una familia modesta. Desde muy joven demostró sus grandes capacidades intelectuales y llegó a estudiar en la Universidad de Alcalá de Henares y en París, donde le dio clases el humanista fray Francisco de Vitoria. Dio clases en la Universidad Complutense, pero sus inclinaciones religiosas lo condujeron a profesar como dominico. Sus cualidades fueron reconocidas por sus superiores y lo mandaron a enseñar en la Universidad de Salamanca, donde fue admirado por profesores y alumnos. Su curiosidad intelectual lo llevó a investigar en numerosos campos de las letras y las ciencias. En las primeras se convirtió en un precursor de los derechos humanos con su defensa sobre los indígenas americanos. En las ciencias hizo aportes al campo de la física que antecedieron a los hallazgos de Galileo y Newton con sus estudios en la mecánica moderna, al hablar del movimiento uniformemente acelerado. Domingo terminó por atraer la atención del futuro Felipe II y su padre, el emperador Carlos V, quien lo nombró su confesor y le ofreció el obispado de Segovia, aunque el dominico lo rechazó al preferir una vida más académica. También estuvo presente en el Concilio de Trento, donde sus cualidades fueron reconocidas por todos los padres sinodales reunidos, y en la Dieta de Augsburgo de 1548, donde participó en la redacción del Interim, documento que buscaba la vuelta de los protestantes a la Iglesia Católica. Su muerte fue muy sentida porque había dejado una fama reconocida a nivel internacional por sus numerosos libros y su pensamiento.

La Leona de Castilla

María Pacheco (h. 1497-1531) nació en Granada, hija de uno de los miembros más importantes de la corte de los Reyes Católicos, Íñigo López de Mendoza, el Gran Tendilla, y Francisca Pacheco, de quien tomó el apellido; y hermana de grandes personajes como el embajador y literato Diego Hurtado de Mendoza. Se educó en la pequeña corte renacentista de su padre, lo que hizo de ella una mujer muy culta. En 1510 se casó con un noble toledano llamado Juan de Padilla, lo cual marcó su vida. En 1520 su marido se sumó a la revuelta contra el nuevo rey de España Carlos I, en la llamada Guerra de las Comunidades de Castilla, y fue nombrado capitán general de los comuneros.

Aunque estos fueron finalmente derrotados en la batalla de Villalar el 23 de abril de 1521 y Padilla decapitado, María, que había apoyado a su marido para que se uniera a la revuelta comunera, tomó la decisión de continuar la lucha desde Toledo, donde vivía. Aquí dirigió la resistencia de la ciudad durante meses, a pesar de que todo parecía perdido. Solo después de la revuelta del 3 de febrero de 1522 y su derrota al día siguiente, Toledo quedó definitivamente en manos de Carlos I. María tuvo que huir a Portugal y murió en Oporto sin que el monarca le concediera el perdón general que había dado a otros líderes comuneros a pesar de los intentos de sus familiares. Su hermano Diego compuso su epitafio.

El creador del tornaviaje

Su nombre es **Andrés de Urdaneta y Cerain** (1508-1568) y fue un hombre polifacético. Nacido en la localidad vasca de Villafranca de Ordizia, se sumó a la expedición de García Jofre de Loaísa para dar la vuelta al mundo, y en ella fue testigo de la muerte de Juan Sebastián Elcano. Durante ocho años estuvo viviendo en las islas Molucas hasta que consiguió volver a España, después de escapar de Lisboa, con información muy interesante para la Corona española y una hija que entregó a su hermano. Pudo viajar a América, donde ocupó puestos importantes hasta que en 1553, con 45 años, ingresó como fraile agustino y se ordenó como sacerdote. A pesar de esto, volvió a sumarse a una expedición a las Filipinas, al recibir el permiso del rey Felipe II y de su propia orden. Se embarcó en la flota que dirigía Miguel López de Legazpi en 1564. Después de una primera derrota, Legazpi se quedó en Filipinas para su colonización y Urdaneta plantó las bases para su cristianización. El capitán mandó un barco de vuelta a México, en el que iba Andrés. El agustino se convirtió en el verdadero piloto de la nave y pudo por fin establecer lo que los españoles buscaban desde el primer viaje de Magallanes y Elcano, la ruta para volver a América, lo que se conoce como el tornaviaje. Esto permitió crear el *Galeón de Manila*, una expedición marítima que cruzaba cada año el Pacífico entre las Filipinas y la América española. Informó personalmente de este hallazgo y, después de una breve estancia en España, murió en Ciudad de México.

La conquistadora de Chile

En la conquista de América también participaron decisivamente mujeres, entre las cuales se encuentra Inés de Suárez (h. 1507-1580). Nació en Plasencia, Cáceres, y se casó con Juan de Málaga, quien partió para América en busca de riquezas que permitieran mejorar su estatus. Después de unos diez años, en 1537, Inés decidió viajar al Nuevo Mundo para buscar a su marido, pero, al llegar, descubrió que había fallecido. Mientras estaba en Perú, entró a trabajar como gobernanta de la casa de Pedro de Valdivia, y ambos se enamoraron, aunque no sin problemas, porque el hombre estaba casado. En 1540 comenzó la expedición para la conquista de lo que ahora es Chile después del intento fallido de Diego de Almagro. Al frente de ella estuvo Valdivia e Inés se sumó a la empresa. Destacó en la campaña por sus acciones militares y sus cuidados a los heridos, lo que le granjeó el respeto de todos sus compañeros. Participó también en la fundación de Santiago de Chile y en la defensa durante un asedio en septiembre de 1541, donde se consiguió repeler a los indígenas. En 1549 volvió a casarse con un amigo y compañero de armas de Pedro de Valdivia, después de que se descubriera el romance, Rodrigo de Quiroga, quien llegó a ser gobernador y dio el título de gobernardora a Inés. Al parecer, ella fue la última en morir de todos los que habían participado en la conquista de Chile.

El invicto almirante

Don Álvaro de Bazán y Guzmán (1526-1588), primer marqués de Santa Cruz, segundo señor del Viso del Marqués y capitán general, entre otros títulos, vino al mundo en Granada en el seno de una importante familia aristocrática. Su padre, Álvaro de Bazán el Viejo, ya había demostrado su papel como marino al servicio de Carlos V y encaminó a su hijo a seguir sus pasos, lo cual hizo hasta llegar a superarlo. Con 18 años participó en su primera batalla naval, en la cual ganaron los españoles. Diez años después, luego de haber demostrado su pericia en el mar, fue nombrado capitán general de la Armada. El primer escenario de sus grandes victorias fue el Mediterráneo frente a los piratas turcos y berberiscos, que suponían un quebradero de cabeza por sus ataques a las costas europeas, y frente a los

otomanos durante el gran asedio de estos a la isla de Malta y en 1571 en la batalla de Lepanto. Aquí se convirtió en unos de los colaboradores más importantes de don Juan de Austria y uno de los principales artífices de la victoria por sus acertadas intervenciones desde la retaguardia. El siguiente escenario de sus victorias fue el Atlántico, donde en 1583 conquistó la isla Terceira de las Azores, que no había aceptado a Felipe II como nuevo rey de Portugal. El monarca le encargó una última misión en 1587, la organización de la Grande y Felicísima Armada para atacar la propia Inglaterra. Sin embargo, murió en Lisboa antes de que se terminaran los preparativos y salieran las naves. Se piensa, y con cierto fundamento, que de haber estado al frente de la expedición el resultado hubiera sido muy distinto, ya que nunca perdió ninguna batalla.

La primera almirante de la historia de la navegación

En un año sin fijar nació **Isabel Barreto de Castro** (s. XVI - 1622) en Lima, capital del entonces Virreinato del Perú, en el seno de una familia portuguesa. En 1585 se casó con Álvaro de Mendaña, a quien acompañó junto a otras mujeres en 1595 en su expedición a las Islas Salomón formada por cuatro naves y cerca de cuatrocientos aventureros. Después de la muerte de su marido a los pocos meses de partir, se hizo cargo de la empresa como "adelantada del mar Océano" y almirante de la flota. Aunque llegaron al archipiélago, tuvieron que abandonarlo y tras un viaje muy accidentado donde pasaron toda clase de penalidades, uno solo de los cuatro barcos que partieron desembarcó en Manila. Isabel había conseguido dirigir el viaje más largo hecho por un barco español hasta esa fecha en el Pacífico. En Filipinas volvió a casarse por segunda vez con Fernando de Castro y juntos regresaron a México, donde Isabel consiguió el cargo de "encomendera" de Guanato. El matrimonio quiso ir a España, pero no lo consiguió y se trasladó a Perú. Fue allí donde Fernando se hizo con el cargo de gobernador de Castrovirreyna, donde falleció Isabel.

El Da Vinci español

En este caso no se llamaba Leonardo sino **Jerónimo de Ayanz y Beaumont** (1553-1613), y era natural de Genduláin, en Navarra, y nacido en el seno de una familia noble. Su carrera empezó como paje del rey Felipe II y continuó como militar al seguir los pasos de su padre en campañas por África, Portugal, Italia y Flandes, donde se hizo tan famoso por su fuerza que hasta Lope de Vega lo recogió en sus obras. También intervino en la defensa de La Coruña durante el ataque de los ingleses y fue regidor en Murcia, donde se casó y tuvo hijos, los cuales murieron muy jóvenes. Por todos estos servicios Felipe II lo nombró caballero y

comendador de la orden de Calatrava. Sin embargo, su fama vendría por la cantidad de inventos que creó después de ser nombrado administrador de las minas del reino. Él fue el primero en utilizar la fuerza del vapor aplicando el primer principio de la termodinámica, no descrito hasta dos siglos después, creando máquinas que se adelantaron en un siglo a las que inventó Thomas Savery. También ideó el primer precedente de submarino y el primer traje de buceo, probado en el río Pisuerga con la asistencia del propio Felipe III y que fue usado para extraer perlas en Venezuela. Leonardo da Vinci, a diferencia de él, diseñó muchas máquinas sin construirlas, mientras que Jerónimo las construyó y demostró su eficacia, aunque, por desgracia, no fueron aprovechadas. Tal vez se podría haber hablado del inicio de la Revolución Industrial en España en lugar de en Inglaterra, pero nunca lo sabremos. Además, y por si faltara algo a este polifacético caballero, también tenía habilidad reconocida para la música y la pintura. No dejó de trabajar hasta su muerte en Madrid.

El creador de la primera escuela pública y gratuita de Europa

José de Calasanz y Gastón (1557-1648) nació en Peralta de la Sal, Huesca. Mostró un gran talento para los estudios, y llegó a doctorarse en Teología, y con 25 años se ordenó de sacerdote. Empezó al servicio de varios obispos españoles hasta que en 1592 viajó a Roma, donde se desarrollaría el resto de su vida. Entró a trabajar como preceptor de una importante familia romana durante varios años hasta que el contacto con los franciscanos conventuales hizo que se desarrollara intensamente su vida religiosa. La vista de tantos niños pobres sin educación lo movió a buscar darles una enseñanza gratuita que mejorara su situación. Empezó en la sacristía de una iglesia romana en el Trastévere y abrió la primera escuela gratuita, pública y popular de Europa con el nombre de Escuela Pía. Su proyecto fue creciendo y más gente empezó a interesarse por su obra. Primero, quiso buscar una orden religiosa que aceptase la enseñanza como su fin pero, al final, en 1617 fundó la Orden de los Escolapios. Se multiplicaron los colegios dentro y fuera de Roma y llegaban peticiones de todas partes de Europa, ya que su pedagogía era muy original y efectiva, además de estar abierta a la enseñanza de toda clase de alumnos, sin importar su clase social. Fruto de su mentalidad se puso de parte de Galileo y sus descubrimientos y mandó que se enseñaran en sus colegios. Sin embargo, surgieron muchas dificultades e incomprensiones, incluyendo la estancia de Calasanz durante unas horas en la prisión del Santo Oficio, a pesar de tener más de ochenta años, y ver cómo su orden quedaba convertida en congregación y no volvería a su estatus anterior hasta después de haber muerto el fundador. Los romanos tuvieron un gran cariño por él y la Iglesia católica reconoció su fama de santidad finalmente en 1767.

La única escultora de cámara de los reyes de España

Muy pocos tuvieron el honor de ser escultores reales para la Corte española, pero entre los artistas destacó una persona por ser la primera mujer en ocuparlo, **Luisa Ignacia Roldán**, la Roldana (1652-1706). Nació en Sevilla en plena época del esplendor barroco español y aprendió el oficio de la imaginería en el taller de su padre, el imaginero Pedro Roldán. Aquí conoció a su futuro marido, Luis Antonio de los Arcos, formado en el taller de Andrés Cansino. Los dos se casaron en 1671 con la oposición de Roldán, y después del enlace Luisa abandonó el taller. Vivieron algunos años en Sevilla, donde nacieron sus hijos. En esta capital empezó a hacerse un hueco entre los imagineros andaluces al conseguir encargos tanto de dentro como de fuera de Sevilla, especialmente de Cádiz, aunque en ocasiones trabajaba junto a su marido. En 1689 la Roldana y su familia abandonaron Andalucía para trasladarse a Madrid, donde, en 1692, consiguió la plaza de escultora real en la corte de Carlos II. Con el reinado del primer Borbón, Felipe V, consiguió de nuevo la plaza. A pesar de su prolífica obra, pasó por muchos problemas económicos hasta su muerte. El mismo día de su fallecimiento la Accademia di San Luca en Roma la nombraba académica de Mérito. Dejó como legado una gran cantidad de obras de gran belleza, tanto hechas en madera en tamaño natural como en terracota.

El español que dio nombre a la Isla de Vancouver

Este hispanoamericano, de nombre **Juan Francisco de la Bodega y Cuadra Mollinedo** (1744-1794), nació en Lima dentro de una familia noble. En sus cincuenta años de vida se convirtió en un personaje destacado de la expansión del Imperio español hacia Alaska. Después de estudiar en Lima se dirigió a España para formarse en la Escuela de Guardias Marinas de Cádiz. Entre 1762 y 1767 participó en numerosas misiones marinas contra corsarios y llegó a ser nombrado alférez de navío en 1773. Por esos años lo enviaron al departamento mejicano de San Blas. Aquí se vio envuelto en las misiones que España estaba mandando para asegurar su dominio en la costa occidental de Norteamérica hasta Alaska, después de que llegaran informes de que los rusos se estaban instalando en esta parte del continente. En 1775 participó en una expedición hacia el norte, la cual llegó hasta lo que actualmente es Sitka, en Alaska. Se cartografiaron y nombraron numerosos accidentes costeros, algunos de los cuales se conservan todavía como una bahía llamada Bodega Bay, pero tuvieron enfrentamientos con nativos. Sus investigaciones fueron muy valiosas y apreciadas. Juan Francisco volvió a participar en otro viaje en 1779 para buscar, sin éxito, el Paso del Noroeste que uniera el Atlántico y el Pacífico por el norte. Se pudo cartografiar bien la costa y también se dedicó a reclamar estas tierras en nombre del rey de España. Durante los siguientes años no pudo participar en más expediciones hacia el norte, pero sus actividades en ese tiempo, que transcurrió en gran parte en España, consiguieron su ascenso a capitán de navío. En 1789 volvió a San Blas en calidad de comandante, ya que ingleses, rusos y españoles estaban muy activos en torno la isla de Nutka. En 1792 Bodega se dirigió a la isla para representar a España en un tratado sobre la soberanía de la costa occidental de Norteamérica con los ingleses, representados por George Vancouver. Ambas partes no consiguieron llegar a un acuerdo en el momento, pero las conversaciones fueron tan amistosas que se decidió nombrar a una cercana ínsula como Isla de Quadra y Vancouver. Con el tiempo fue acortado al actual de Isla de Vancouver. Poco después, a causa de las enfermedades que ya sufría desde hacía tiempo, Juan Francisco falleció en México.

El héroe de la batalla de Trafalgar

Aunque Trafalgar se saldó con la derrota de la armada francoespañola, en la parte española destacó un científico, marino y militar que se ganó la misma admiración de los ingleses. Su nombre era **Cosme Damián Churruca y Elorza** (1761-1805) y era natural de Motrico, en Guipúzcoa, de donde llegó a ser alcalde. Sus pasos parecían encaminarlo a la vida sacerdotal, pero todo cambió al ingresar en la Compañía de Guardias Marinas de Cádiz en 1776, aunque luego fue enviado a la que se había formado en Ferrol. Desde entonces su vida estuvo ligada a la mar. Participó en el intento de asedio a Gibraltar en 1782, donde se distinguió por su valor. Su actividad marina no impidió sus estudios en Matemáticas, Astronomía y Mecánica, donde destacó especialmente. Participó en expediciones científicas para el estudio en profundidad del Estrecho de Magallanes y las Antillas, y redactó, casi al final de su vida, un tratado de puntería, muy usado tanto dentro como fuera de España. Su trabajo fue ampliamente reconocido a nivel internacional por su exactitud y minuciosidad. Sin embargo, siguió involucrado en los conflictos del momento y su fama llegó a oídos del propio Napoleón Bonaparte. Durante sus años en activo estuvo al mando de diferentes barcos y fue al frente de uno, el *San Juan Nepomuceno*, donde encontró la muerte. Con este navío participó en la escuadra francoespañola que atacó a la armada inglesa, dirigida por Horatio Nelson, en el cabo de Trafalgar el 21 de octubre de 1805. Aunque supuso la derrota de la primera, Churruca demostró su habilidad y su capacidad de mando al conseguir que su barco mantuviera a raya a seis navíos ingleses. Durante la lucha una bala de cañón lo dejó sin su pierna derecha, y aun así resistió todo lo que pudo hasta la muerte. El rey de España lo nombró a título póstumo teniente general y se le dio la pensión de viudedad correspondiente a su mujer, con la que se había casado ese mismo año. Los ingleses también mostraron su respeto y admiración por el marino al conservar su barco en Gibraltar y ordenar que la gente que entrara a su cámara lo hiciera con la cabeza descubierta.

La Doctora de Alcalá

María Isidra de Guzmán y de la Cerda (1767-1803) fue una mujer transgresora. Nació en Madrid dentro de una familia aristocrática muy cercana a los reyes de España al trabajar en cargos palatinos. Ya de joven mostró una extraordinaria memoria y capacidad tanto para las ciencias como para las humanidades. Con apenas 17 años, y con el apoyo de Carlos III, se convirtió en la primera mujer académica honoraria de la Real Academia de la Lengua. También con el respaldo del rey ingresó en la Universidad de Alcalá de Henares para estudiar los grados de Filosofía y Letras Humanas. Superó el examen con el reconocimiento unánime del tribunal que la evaluó y consiguió el doctorado y su nombramiento como catedrática honoraria de Filosofía Moderna, conciliadora perpetua y examinadora de los cursantes de Filosofía. A los pocos días ingresó en la Real Sociedad Vascongada de Amigos del País, primera mujer en pertenecer a este tipo de instituciones, así como la primera mujer en formar parte de la Sociedad Económica Matritense. Incluso desde Rusia llegó su nombramiento como socia libre honoraria de la Academia Imperial de las Artes de San Petersburgo. Sin embargo, su carrera se paró después de casarse en 1789 con el marqués Rafael Alfonso de Sousa e irse a vivir el matrimonio a Córdoba, donde nacieron sus hijos. Siguió recibiendo reconocimientos como su ingreso en la Real Orden de Damas Nobles de la Reina María Luisa, pero la muerte de Carlos III y el estallido de la Revolución francesa habían cambiado el clima político. Con 35 años murió y si el recibimiento del doctorado había sido celebrado por todo lo alto, su entierro fue totalmente austero.

LIBERTAD

La defensora granadina de la libertad

Mariana de Pineda Muñoz (1804-1831), más conocida como Mariana Pineda, nació en Granada y tuvo una infancia difícil debido a su condición de hija ilegítima y los problemas que hubo entre sus padres, Mariano de Pineda, capitán de navío y caballero de Calatrava, y María Dolores Muñoz, sirvienta de los Pineda. Al morir su padre, Mariana quedó bajo la tutela de su tío José de Pineda y, tras casarse este, fue cuidada por una familia de comerciantes, que le dio una buena educación. Se casó con quince años con un joven militar, Manuel Peralta y Valte, a quien conoció en las reuniones de liberales que se celebraban en su casa. Enviudó tres años después, en 1822, y quedó con dos hijos a su cargo. Estuvo dos años fuera de la ciudad, aunque no se sabe dónde. En 1828 ayudó a su primo a escapar de la cárcel de Granada y tuvo una tercera hija. Sus actividades llamaron la atención de los defensores del absolutismo de Fernando VII, especialmente de Ramón Pedrosa y Andrade, alcalde del crimen de la Chancillería de Granada, y empezó a ser vigilada. Finalmente, en 1831 fue detenida en su casa, donde descubrieron una bandera que la podía vincular con los liberales contrarios al gobierno. Se afirma que fue Pedrosa el que hizo dejar en casa de Mariana esa bandera que la mujer había encargado a dos bordadoras para poder inculparla. La encerraron primero en su casa, de donde intentó escapar, y luego en el beaterio de santa María Egipciaca de Granada. De aquí salió para ser ejecutada con el garrote vil. Su cuerpo fue enterrado primero en el cementerio, de donde salió para ser sepultada en diferentes lugares. Finalmente, en 1856 fue enterrada en la cripta de la catedral granadina.

La última emperatriz de Francia

Cuando nació en Granada la aristócrata Eugenia María Guzmán y Portocarrero (1826-1920), nadie hubiera pensado que pasaría a la Historia como emperatriz y con el nombre de Eugenia de Montijo. Su padre era Cipriano Portocarrero y Palafox, grande de España, conde de Teba y conde de Montijo, y su madre, María Manuela Kirkpatrick y Grevignée, hija de un cónsul de los Estados Unidos. Eugenia heredaría mucho de estos títulos, aunque nunca el condado de Montijo. Al morir su padre, Eugenia y su hermana mayor quedaron al cuidado de su madre, quien se preocupó de dar a sus hijas una educación amplia y completa, con especial hincapié en idiomas y música. Pasó sus primeros años en España, pero también fue educada en Francia. Vivió entre estos dos países, Italia, Inglaterra y Alemania hasta instalarse finalmente en París, donde se conocieron Eugenia y el futuro emperador Napoleón III, quien se enamoró de

ella al verla por primera vez. Se casaron en 1853 y tuvieron un único hijo, Napoleón Eugenio Luis Bonaparte. Convertida en emperatriz de los franceses, tuvo un papel muy activo en la política francesa nacional e internacional, en la cultura y la ciencia y en la defensa de las mujeres, e incluso actuó como regente en tres ocasiones. En 1870 cayó el Imperio francés, después de su derrota en la Guerra francoprusiana y tuvo que exiliarse con su marido e hijo, quienes fallecieron en 1873 y 1879 respectivamente. Su vida transcurrió entonces entre Inglaterra y España. Murió en Madrid y fue enterrada en Farnborough, Inglaterra, junto con su esposo y su hijo.

El matemático premio Nobel de Literatura

José Echegaray y Eizaguirre (1832-1916) nació en Madrid, aunque se educó en Murcia dentro de un ambiente ilustrado y liberal. Regresó a la capital para hacer sus estudios universitarios y fue el primero en su promoción en la Ingeniería de Caminos, Canales y Puertos. Después de una breve estancia en Almería, volvió a Madrid, donde se casó y fue profesor de su antigua universidad. En este año empezó a interesarse tanto por la economía como por la política y, al mismo tiempo, continuó publicando trabajos sobre matemáticas, gracias a lo cual es considerado el mayor matemático español del siglo XIX al introducir en el país los avances en este campo que se estaban dando en Europa. Después de la Revolución de 1868 participó activamente en la política y llegó a ser ministro de Fomento en 1869-1871 y 1872; y de Hacienda en 1872-1873, 1874 y 1905, además de senador vitalicio. A esta actividad se sumó la literatura, y especialmente el teatro, donde podía difundir sus ideales. Su primera obra se estrenó en 1874 y siguió escribiendo durante las siguientes décadas hasta que en 1904 ganó el Nobel de Literatura, primera vez que un español ganaba esa distinción. Una vez terminadas sus actividades políticas, pudo centrarse de nuevo en la enseñanza universitaria y en la ciencia. Se convirtió en el primer presidente de la Sociedad Española de Física y Química y de la Sociedad Española Matemática y, a propuesta de Santiago Ramón y Cajal, José recibió de la Academia de Ciencias la primera Medalla Echegaray. Se volcó en sus estudios hasta su muerte en Madrid.

El desarrollador de la anestesia epidural

De origen oscense, **Fidel Pagés Miravé** (1886-1923) fue un médico militar que, para desgracia de la sanidad española, murió demasiado pronto, aunque pudo dejar su huella. Ingresó en la Academia Médico Militar en 1908 y al año siguiente estuvo destinado durante un tiempo en el Hospital de Melilla, donde prestó sus primeros servicios. Esta estancia le valió su primer gran reconocimiento con la Cruz de Primera Clase del Mérito Militar con distintivo rojo y pensionada. Volvió a Melilla en 1911, donde fue ascendido a médico primero, y al norte de África para encargarse de asistir a las fuerzas españolas. Ese mismo año regresó a la península,

donde trabajó en diferentes ciudades y pudo casarse. Con motivo de la Primera Guerra Mundial, actuó como delegado del embajador español en Viena para inspeccionar los campos de prisioneros de guerra. Tras el fin de la Gran Guerra consiguió el grado de capitán médico y nuevas medallas, y entró a trabajar al frente de un curso en el Hospital Militar de Urgencia de Madrid. En 1921 volvió a Melilla por un año como cirujano jefe. De nuevo regresó a la capital, donde continuó su actividad profesional. Sin embargo, en 1923 falleció en un accidente de automóvil. A pesar de su corta vida, trató en varias ocasiones a la reina María Cristina de Habsburgo y estaba al tanto de los descubrimientos médicos que se hacían en otros países. Su gran aportación la hizo en 1921 cuando escribió por primera vez sobre la anestesia epidural e indicó las más de cuarenta operaciones que había llevado con éxito gracias a este invento. Su contribución cayó en el olvido al no haberse traducido a otras lenguas y requirió tiempo que se le reconociera.

La inventora del libro electrónico actual.

Su nombre es **Ángela Ruiz Robles** (1895-1975) y vino al mundo en Villamanín, en León. Estudió en la Escuela de Magisterio de León, donde empezó a impartir clases entre 1915 y 1916. Desde entonces su vida estuvo ligada a la enseñanza, primero en la Escuela de Gordón, también en León, y después en Ferrol, donde se casó y tuvo hijos. Su dedicación a la educación y su creatividad hicieron que en 1949 desarrollara la patente de una enciclopedia mecánica. El primer prototipo se construyó en 1962 bajo su supervisión y con algunas modificaciones a la idea original. Su intención era aligerar el peso que cargaban los jóvenes por la cantidad de libros, hacer más atractiva la educación y adaptar la enseñanza al nivel de cada alumno. Esta enciclopedia se convirtió en el precursor del actual libro electrónico. Sin embargo, la falta de financiación impidió que su proyecto saliera adelante. No obstante, su labor fue recompensada con premios nacionales e internacionales.

Si un humilde académico como yo tiene tantos fisgoneos a sus espaldas, como la centena de libros que llevo conmigo en mis viajes, mis pseudónimos de Celauro o Miguel de Musa o aquella vez que di muerte a contrincante en defensa de una dama, imagínese el monto de curiosidades que puede llegar a acaudalar un reino como España. Ojalá cada español, en lugar de juzgar a nuestra matrona sin apenas juicio, indagase en sus grandiosas referencias y virtudes, para luego hacer de ellas, con espíritu crítico, un vergel de armonía y unidad.

Si le place le cuento unas cuantas, que tenga usted un pequeño aperitivo con el que satisfacer su inquietud, a la par que pueda defender la honra frente a quien se atreva a faltar el respeto a la tierra nuestra. Así no será tan fácil que...

«... ¡oh, España, en muchos modos,
que lo que a todos les quitaste sola
te puedan a ti sola quitar todos!».

3 DATOS HISTÓRICOS LLAMATIVOS

Es curioso que...

El *Homo antecessor* es un aporte español

Un equipo español de arqueólogos descubrió los primeros restos de esta especie de homínido en Atapuerca, que no correspondían a otras especies de homínidos ya conocidas. En 1997 fue incluido en el gran árbol evolutivo del ser humano con ese nombre.

El primer modelo de sociedad urbana peninsular se desarrolló en el sureste peninsular

Se trata de la Cultura de Los Millares, que recibe su nombre de un asentamiento de la Edad del Cobre (3 200-2 200 a. C.) en la actual provincia de Almería. Su importancia se ve en las construcciones conservadas, como partes de sus tres murallas y la necrópolis con tumbas colectivas con falsas cúpulas; y en otros restos encontrados como herramientas. En este lugar se practicó la metalurgia del cobre, aunque su economía se basaba en la agricultura, la ganadería y la caza. Todo indica que fue una sociedad organizada y más avanzada con respecto a sus vecinos.

La lengua íbera no está descifrada actualmente

Los pueblos íberos contaban con su propio sistema de escritura y hemos conservado bastantes inscripciones. Aunque ha sido posible reconstruir su fonética gracias a las transliteraciones que hicieron los romanos de nombres íberos, no se ha encontrado de momento la «piedra de Rosetta» que permita comprender lo que escribieron aquellos pueblos.

Los primeros que introdujeron el cultivo del olivo en la Península fueron los fenicios

En la Península no existía este tipo de árbol hasta que fue traído desde el Mediterráneo oriental a finales del segundo milenio a. C. Su aclimatación a la región fue tan buena que los romanos se encargaron de expandir su cultivo por la Península y todavía hoy es uno de los más importantes en España por el aceite que se produce y su propio fruto.

Los griegos dieron el nombre de Iberia a la península

Aunque en un principio utilizaron el apelativo íbero para hablar de uno de los pueblos que había en la Península y de una Región, pronto dieron ese nombre a todo el territorio. Los romanos lo siguieron utilizando, aunque prefirieron usar el nombre de Hispania. Dentro de esta curiosidad, griegos y romanos también dieron el nombre de Iberia a un reino en el Cáucaso, en la zona que ocupa actualmente Georgia.

Los romanos copiaron de los celtíberos su espada

Durante la campaña de Aníbal contra los romanos en el siglo III a. C., estos se fijaron en las espadas que usaban los mercenarios peninsulares. Gracias a sus excepcionales características, el ejército romano se la apropió y recibió el nombre de gladius hispaniensis. Fue muy utilizada por las legiones durante los siguientes cuatro siglos en las guerras que llevaron a la gran expansión del mundo romano por todo el Mediterráneo. Solo a partir de finales del siglo II d. C. su uso desapareció en favor de la spatha, un tipo de espada utilizada por los pueblos germánicos.

Las guerras en Hispania cambiaron el calendario político romano

Antiguamente los cónsules romanos tomaban posesión de su cargo en los idus de marzo, el 15 de marzo. En el año 153 a. C. esto cambió por la conquista de la parte celtíbera de la Península, un proceso que requirió años hasta su culminación con el emperador Augusto. Por culpa de una derrota, el Senado decretó que los cónsules pasaran a ocupar su puesto en las calendas de enero, el 1 de enero, nueva fecha de inicio del calendario civil, para poder afrontar mejor la guerra.

Se siguen utilizando calzadas romanas, o al menos su recorrido, en la actualidad

Los romanos crearon una extensa red de vías que unía a Roma con todos territorios, lo cual facilitaba las comunicaciones con todas las provincias, incluidas las hispanas. Aquí destacaron la Vía Augusta, la más larga de la península, y la Vía Lata. La primera fue muy importante y hay carreteras actuales que siguen parte de su mismo recorrido, como la autopista del Mediterráneo, y ambas salen de la Península por la misma área, La Junquera. La segunda se convirtió en lo que conocemos como Vía de la Plata y fue uno de los caminos que llevaba, y sigue llevando, a los peregrinos del sur a Santiago de Compostela.

No solo llegaron los visigodos a la Península

Antes de que estos llegaran a Hispania después de ser expulsados de las Galias, ya se habían instalado otros dos pueblos germánicos. Por un lado, llegaron los vándalos a principios del siglo v y se instalaron en el sur durante dos décadas. Después pasaron al norte de África donde fundaron su reino. Más adelante, en la segunda mitad del siglo v, atravesaron los Pirineos los suevos y se establecieron en lo que es ahora Galicia, norte de Portugal y parte de Asturias y Castilla y León. Fueron los primeros germánicos en abrazar el cristianismo en la península por obra del obispo san Martín de Braga. Asimismo, al sureste peninsular llegaron los bizantinos en la época bizantina y crearon una provincia en la época de Justiniano en el siglo vi. Tanto estos como los suevos fueron conquistados por los visigodos.

La primera "constitución" europea se creó en el IV Concilio de Toledo

Aunque es un término que hay que usar con mucha precaución, se podría considerar que el canon 75 promulgado por ese Concilio en 633 es el primer texto constitucional escrito de Europa. En él se regulaba la sucesión al trono visigodo, las obligaciones que tenía tanto el rey como los nobles y se legisló sobre el clero.

El primer emir omeya vino escapando de sus enemigos

Los omeyas constituían una importante familia musulmana que se convirtió en la primera dinastía en regir al mundo musulmán entre el 661 y 750 desde Damasco. En los últimos años del califato surgió otra familia dispuesta a derrocarlos, los abasíes, quienes lo consiguieron. Los omeyas fueron asesinados, pero lograron escapar en un primer momento el príncipe Abderramán, su hermano Yahya, su hijo, sus hermanas y un liberto. Los siguientes años a su huida fueron duros pues murió el hermano de Abderramán, quien, además, dejó a sus hermanas e hijo en una aldea. El príncipe atravesó el norte de África y se refugió incluso entre los bereberes al haber pertenecido su madre a esta etnia. Finalmente, en el año 756 desembarcó en las costas de la actual Almuñécar al tener apoyos en la Península. Se proclamó emir independiente de los abasíes y estableció su corte en Córdoba.

En los títulos históricos del rey de España hay un recuerdo de Al-Ándalus

Después de la disolución del Califato de Córdoba en el siglo XI aparecieron los reinos de taifas, territorios musulmanes independientes entre sí. Algunos de ellos tuvieron tanta importancia que, conforme los monarcas cristianos iban conquistándolos en su expansión hacia el sur, los incorporaron a su titulatura real. En ella encontramos las de Toledo, Valencia, Mallorca, Sevilla, Córdoba, Murcia y Jaén. También aparecen territorios que formaron parte de estas taifas: Menorca y Los Algarves; y otros reinos musulmanes que no son considerados como taifas al haber aparecido más tarde: Granada, Algeciras y Gibraltar.

Toledo tuvo un papel fundamental en la difusión de textos clásicos en la Edad Media

Después de la conquista de la ciudad en 1085 por los cristianos y la, más o menos, tolerancia que mostraron los reyes hacia musulmanes y judíos, se formó la llamada Escuela de Traductores de Toledo, que tuvo un decidido impulsor en el siglo XIII con Alfonso X el Sabio. Su actividad se centró en la traducción de textos árabes y hebreos al latín y al castellano para su difusión posterior por toda Europa. Gracias a esto, muchos conocimientos del mundo clásico y árabe llegaron a las universidades del continente.

Portugal tiene origen asturleonés

En el año 868 se creó el Condado Portucalense tras la conquista de Portucale, actual Oporto, por el caudillo Vimara Pérez. Llegaba desde el río Lima hasta el Duero. Al sur de este territorio se creó el condado de Coimbra, que duró del 878 al 990, año en el que Almanzor lo reincorporó a al-Ándalus. Pasaron décadas hasta que volvió de nuevo a manos cristianas. El Condado Portucalense también desapareció temporalmente en 1071 después de que el rey García II de Galicia derrotara a su rebelde conde. No se restauró hasta 1096, cuando Alfonso VI de León unió los territorios originales y los de Coimbra para entregarlos como recompensa a un noble borgoñón llamado Enrique de Borgoña, quien había acudido para ayudar al monarca durante la guerra contra los andalusíes. También se casó con la hija natural del leonés y ambos tuvieron un hijo, Alfonso. Este se convirtió en el primer rey de Portugal y empezó a utilizar este título desde 1139. Alfonso VII de León lo reconoció como monarca en 1143 y el papado desde 1179.

Hubo un ejército aragonés que causó el terror en el Mediterráneo oriental en el siglo XIV

Se trataba de los almogávares, un grupo de mercenarios cuyo origen está en los ataques que realizaban tanto musulmanes como cristianos en las tierras fronterizas de la península. Esto hizo de ellos unos expertos combatientes y sus servicios fueran reclamados por los reyes. Saltaron al plano internacional cuando ayudaron a Pedro III de Aragón en sus campañas en Sicilia a finales del siglo XIII y, cuando terminaron estas, el emperador de Bizancio requirió sus servicios ante el avance de los turcos otomanos. En 1303 llegó a Constantinopla la Gran Compañía Catalana dirigida por Roger de Flor y se pusieron al servicio del emperador. Las tácticas aprendidas en las guerras contra los andalusíes mostraron ser muy efectivas y consiguieron hacer retroceder a los otomanos. Sin embargo, el comportamiento de los almogávares y las envidias provocaron que la Compañía fuera traicionada y Roger, asesinado. Esto provocó la «venganza catalana», que supuso un duro golpe a Bizancio al atacar territorios del Imperio e instalarse en Grecia, donde fundaron los ducados de Atenas y Neopatria. Dejaron un recuerdo tan negativo que hasta 2005, y después de pagar 240 000 euros por una restauración, los catalanes tenían prohibido visitar el Monte Athos, un territorio autónomo griego habitado por monjes.

En España hay una tradición de centros de atención a las personas con problemas mentales desde finales de la Edad Media

En al-Ándalus se fundaron hospitales llamados maristanes para tratar a enfermos, entre ellos a los que padecían enfermedades mentales. De estos centros, uno muy destacado fue el de Granada, fundado entre 1365 y 1367 por mandato del rey nazarí Muhammad V. En los reinos cristianos destaca como primer centro psiquiátrico el Hospital de los Santos Mártires Inocentes de Valencia, creado en 1409 por iniciativa del fraile mercedario Juan Gilabert Jofré después de ver cómo se maltrataba a un loco en la calle. Con esto aparecían los primeros centros que daban atención médica y un lugar de residencia a las personas con trastornos mentales.

España es el de los pocos países que ha tenido una guerra civil porque dos mujeres se disputaban el trono

Isabel como la hermana de Enrique IV y Juana como supuesta hija de aquel, ya que se decía que no era suya sino de su valido Beltrán de la Cueva, afirmaban ser las legítimas reinas de Castilla. Después de una guerra en la que Isabel contaba con el apoyo de Aragón y Juana con el de Portugal por sus respectivos matrimonios, salió vencedora la primera. Por su parte, Juana nunca dejó de firmar como "Yo, la reina" hasta su muerte en Portugal. La pérdida de sus restos en el terremoto de Lisboa de 1755 ha impedido que se puedan conocer finalmente sus orígenes.

Isabel y Fernando no fueron los primeros Reyes Católicos

Los primeros reyes en ser conocidos como "Católicos" fueron Alfonso I de Asturias (693-757), quien extendió su reino hacia Galicia y el norte de Portugal, y Pedro II de Aragón (1178-1213), el cual, a pesar de este apodo, murió en la batalla de Muret al defender a sus vasallos albigenses del sur de Francia frente al ejército cruzado. Isabel y Fernando recibieron el título formal de Reyes Católicos por una bula emitida por el papa valenciano Alejandro VI un 14 de enero de 1496. Con él se quería honrar a los monarcas por sus servicios prestados en favor de la fe y la religión católicas, incluyendo la conquista del reino de Granada. Además, este título se convirtió en hereditario para el resto de reyes españoles.

España recibió las primeras embajadas de Japón a un país europeo

Aunque los primeros europeos que conocieron los japoneses fueron los portugueses, a partir de 1565 se establecieron contactos regulares con los españoles, quienes se estaban expandiendo por el Pacífico. Las relaciones pasaban de ser buenas a producirse enfrentamientos. Sin embargo, esto no impidió que hasta tres embajadas japonesas llegaran a España. La primera, la Embajada Tensho, llegó a la península en 1584, dejando como recuerdo unas armaduras que han llegado hasta la actualidad. La segunda se abrió en 1611 y tuvieron un papel muy importante frailes franciscanos. La última, y la más conocida, fue la Embajada Keicho, que se desarrolló entre 1613 y 1620 y no tuvo los resultados esperados. Sin embargo, el embajador Hasekura Isunenaga se bautizó y una parte de los japoneses que participaron en la expedición se quedó a vivir en la localidad sevillana de Coria del Río, donde todavía viven descendientes suyos.

El Pacífico era durante la Edad Moderna un "lago español"

España se encargó de dar a conocer a Occidente el océano Pacífico, así como de cruzarlo por primera vez y establecer una ruta comercial estable entre las Filipinas y la costa americana con el Galeón de Manila, el grupo de naves que una o dos veces al año cruzaba el Atlántico con mercancías desde 1565 hasta 1815. Además, muchas islas del Pacífico recibieron nombres españoles que han llegado hasta la actualidad como las islas Marianas, las islas Carolinas y las propias Filipinas. Su dominio sobre este océano fue prácticamente indiscutido durante años hasta que otras potencias europeas como Inglaterra llegaron a esta parte del mundo el siglo XVIII.

España fue el primer país en dar la vuelta al mundo en los dos sentidos

Es bien conocida la primera vuelta al mundo realizada por Magallanes y Elcano en dirección oeste-este. Sin embargo, fue también español la primera persona que dio la vuelta al mundo de este-oeste, el fraile franciscano descalzo Martín de Mallea, sobrino nieto del fundador de los jesuitas, san Ignacio de Loyola. Partió de España en 1581 y no volvió hasta 1584, dejando como recuerdo de este viaje un libro muy apreciado por toda la información que recogió de los lugares que visitó. Además, también dio la vuelta al mundo en dirección oeste-este años después, convirtiéndose en la primera persona en hacer este viaje en ambos sentidos.

Cuando los ingleses fundaron Harvard en 1636, los españoles ya habían fundado varias universidades en el continente

Más en concreto, cuando se creó Harvard estaban en funcionamiento dos en Santo Domingo (1538 y 1558), dos en Lima (1551 y 1608), Ciudad de México (1551), dos en Bogotá (1580 y 1621), dos en Quito (1603 y 1622), Córdoba (1621), Cuzco (1621), dos en Santiago de Chile (1622 y 1625), Yucatán (1624) y Sucre (1624).

Además, se sumarían más universidades en Guatemala (1676), Huamanga (1677), otra en Quito (1681), otra en Cuzco (1692), La Habana (1721), Caracas (1721), Concepción (1724), otra en Santiago de Chile (1738), otra en Quito fruto de la fusión de las existentes (1786) y la de Guadalajara (1792).

Un bávaro pudo haber sido rey de España

Una de las grandes preocupaciones que tuvo el país a finales del siglo XVII fue la falta de descendencia de Carlos II. Se casó dos veces, primero con María Luisa de Orleans y, cuando esta murió, con Mariana de Neoburgo, pero no consiguió tener descendencia. Esto preocupaba dentro y fuera de España, porque quien ocupara el trono sería soberano del mayor imperio del momento. Había varios candidatos pero, por influencia de su madre Mariana de Austria, Carlos II escogió en 1696 a un niño de cuatro años, José Fernando, príncipe elector de Baviera y sobrino nieto del monarca. Sin embargo, su muerte en 1699 abrió de nuevo una crisis sucesoria y no se cerró, al menos temporalmente, hasta que al año siguiente Carlos II se decidió a nombrar a Felipe de Anjou, también sobrino nieto suyo, como sucesor. Subió al trono como Felipe V, pero tuvo que luchar en la Guerra de Sucesión contra otro pretendiente, el archiduque Carlos de Austria.

Entre los siglos XVIII y XIX España realizó y participó en importantes expediciones científicas

Una de las más importantes y conocidas es la Real Expedición Filantrópica de la Vacuna, dirigida por Francisco Javier Balmis para llevar la vacuna contra la viruela por diferentes partes del mundo. Otras muy interesantes fueron la Misión Geodésica en 1734, una expedición hispanofrancesa para medir el meridiano terrestre; la expedición a la isla de Pascua en 1770, en la que se cartografió por primera vez la ínsula y se dieron a conocer los primeros dibujos de los moáis; la Real Expedición Botánica de José Celestino Mutis, de 1783 a 1808, para conocer las riquezas naturales de América; y la Expedición Malaspina, de 1789 a 1794, que recorrió toda la costa americana que da el Pacífico hasta llegar a las Filipinas, Australia y Nueva Zelanda. En total, ya fuera por su cuenta o con el apoyo de otros países, España realizó hasta 63 expediciones de carácter científico durante la Ilustración.

El Imperio español alcanzó su mayor extensión en la segunda mitad del siglo XVIII

Si bien durante el periodo de la unión de España y Portugal (1580-1640) el Imperio alcanzó su máxima expansión al estar los dominios de ambos países bajo un mismo soberano, fue en el siglo XVIII cuando España consiguió su máxima extensión sin necesidad de unirse a otro imperio. Se calcula que alcanzó una extensión territorial de 20 millones de kilómetros cuadrados repartidos por todos los continentes, aunque el grueso se encontraba en América. Las posesiones en el Nuevo Mundo llegaban desde el sur de Alaska hasta el extremo meridional de Sudamérica, ocupando también buena parte de lo que ahora es Estados Unidos, incluyendo la Luisiana, que fue entregada por Francia a los españoles en esta época y que abarcaba casi toda la parte central de Norteamérica. La presencia española en Norteamérica queda atestiguada por la fundación de su primera ciudad, San Agustín, en Florida, además de otras muchas localidades; en la toponimia de regiones como California y Oregón y de actuales poblaciones tan conocidas como San Francisco y Los Ángeles; y en la ayuda que prestó España a las Trece Colonias a independizarse.

España fue el único país en estar en guerra continua contra Napoleón

Desde la entrada del ejército francés en 1808 y su definitiva derrota en 1813, los españoles estuvieron en guerra constante, ya fuera por medio de grandes batallas como de guerrillas. En otras naciones que se opusieron al emperador se sucedieron períodos de conflictos y paz, pero en España nunca se abandonó la lucha, lo que se convirtió en una de las causas de la caída de Napoleón.

La actual división provincial de España se creó en 1833

El siglo XIX trajo numerosos cambios que todavía se mantienen por su trascendencia y utilidad, como fue la aparición de las provincias. Hasta entonces el país estaba fragmentado de acuerdo a su pasado en reinos, obispados, condados, señoríos, partidos, etc., con tamaños e importancia desiguales. Con el fin de mejorar la administración del territorio, la regente María Cristina encargó al ministro de Fomento, Javier de Burgos, una nueva división del país más racional. Entonces se crearon 49 provincias, respetando en lo posible las fronteras históricas de los reinos y las características de las poblaciones. Esta división se ha conservado prácticamente hasta la actualidad con algunas modificaciones menores salvo la creación de la provincia número 50 al dividirse la de Canarias en dos en 1927.

España ha tenido ocho constituciones

La primera fue la conocida popularmente como la Pepa, promulgada por las Cortes de Cádiz en 1812, la cual estuvo en vigor por años irregulares debido a los cambios de gobierno de Fernando VII. Las siguientes se publicaron durante la regencia de María Cristina y fueron el Estatuto Real de 1834 y la Constitución de 1837. Siendo reina Isabel II salió otra carta magna en 1845. Después, la Gloriosa y la caída de la monarquía borbónica, se redactó un nuevo texto en 1869. Con la llegada de Alfonso XII se promulgó una nueva constitución en 1876, la más longeva de todas hasta la actualidad, porque estuvo en vigor hasta 1923, cuando se instauró la dictadura de Miguel Primo de Rivera. La penúltima fue la de 1931, elaborada durante la II República y que duró a la par que esta. Finalmente, en 1978 se redactó la actual, ratificada el 6 de diciembre y en vigor desde el 29 de ese mismo mes.

En el primer tercio del siglo xx se desarrolló la Edad de Plata de las ciencias y las letras españolas

Aunque el Desastre del 98, con la pérdida de las últimas posesiones coloniales de España en América y Asia fue un duro golpe para el país, sin embargo, no impidió un desarrollo muy importante de la cultura. En el campo literario podemos destacar la aparición de las tres grandes generaciones del 98, 14 y 27 y la obtención de dos premios Nobel en 1904 para José Echegaray y 1922 a Jacinto Benavente. También en el campo científico se dieron grandes avances que fueron reconocidos internacionalmente, siendo especialmente significativo el premio Nobel de Medicina otorgado a Santiago Ramón y Cajal en 1906.

El desembarco de Normandía de 1944 se inspiró en el desembarco de Alhucemas

Con motivo de la Guerra del Rif, que había empezado en 1911, el Ejército español realizó el primer desembarco de infantería apoyado por carros blindados, barcos y aviones en Alhucemas, actual Marruecos, el 8 de septiembre de 1925. Este despliegue favoreció el final de la guerra que tantas vidas se había llevado por delante, especialmente en 1921 con el Desastre de Annual. Años más tarde, los aliados estudiaron este desembarco para utilizarlo en el que planeaban hacer en las costas de Normandía durante la Segunda Guerra Mundial.

España colaboró en la salvación del patrimonio egipcio

En la década de los 60 del siglo xx se lanzó una petición a la comunidad internacional para salvar los templos egipcios que iban a quedar sumergidos bajo las aguas por la construcción de la presa de Asuán, entre ellos Abu Simbel. En agradecimiento por la colaboración, el gobierno egipcio regaló varios templos a cuatro países: Países Bajos, Italia, Estados Unidos y España. Aquí llegó el Templo de Debod, que fue reconstruido en Madrid.

Que nuestros soberanos fueron, por misivas caprichosas de otros, demonios que poblaran la tierra es una falacia imperiosa. También habrá escuchado su merced brutales farsas que aluden a reinos que nunca existieron, a que el Santo Oficio fue el más sanguinario o que hubo un genocidio en el Nuevo Mundo. Es irrefutable que en la Historia de España se cometieron magnas injusticias, como en toda cimentación de una gran nación, pero al César lo que es del César y a Dios lo que es de Dios.

Sirvan por tanto mis próximas letras para precisar ciertas narraciones, y no es tornadizo interés, sino deber indiscutible. Que llega la estación en que los literatos y eruditos debemos dar un paso al frente para impedir que se siga vilipendiando la Historia que no es otra cosa que una materia sagrada.

«Pues amarga la verdad,
quiero echarla de la boca;
y si al alma su hiel toca,
esconderla es necedad».

4 DERRIBANDO MITOS

La verdad es que...

Los vascones no vivieron en el País Vasco

Cuando los romanos llegaron la Península y se encontraron con los diferentes pueblos íberos y celtas que la habitaban, dieron el nombre de vascones a los habitantes de la región que iba desde el curso alto del río Ebro hasta los Pirineos, ocupando la actual Navarra y partes de Zaragoza, La Rioja y Guipúzcoa. En la mayoría del territorio vasco actual se encontraban, principalmente, los autrigones, los caristios y los várdulos.

Los visigodos dejaron una huella en la Historia de España

Aunque este pueblo germánico se fusionó con la población hispanorromana de la península y adoptó su lengua y costumbres, también dejó su legado. A nivel artístico se encargaron de transmitir a los andalusíes el uso del arco de herradura y de las celosías. Con respecto a la lengua, introdujeron nuevas palabras como sacar (de sakan), guardia (de wardja), ropa (raupa) y nombres propios que serían tan populares en los reinos cristianos peninsulares como Alfonso, Fernando, Gonzalo y Rodrigo. La huella más importante de los visigodos fue el servir de justificación para las conquistas hacia el sur, sobre todo a partir de Alfonso III de Asturias, cuando los cristianos del norte tomaron conciencia de ser los herederos del antiguo reino de Toledo y de su misión de recuperar, de volver a conquistar, los territorios en manos andalusíes.

El califa Abderramán III era pelirrojo y de piel clara

Se tiene la idea de que los monarcas andalusíes eran de pelo oscuro, negro, y de piel muy morena, ya que se asocia musulmán con mundo árabe y norteafricano. Sin embargo, las descripciones que nos han llegado nos alejan de esta imagen, ya que muchos tenían familia autóctona como el mencionado Abderramán III, cuya madre, Muzna, era vascona. Por esta herencia familiar era rubio casi pelirrojo y claro de piel, aunque gustaba teñirse de negro. Él no fue una excepción, porque, por ejemplo, el primer rey nazarí de Granada, Muhammad I, era conocido como Alhamar, que significa "el rojo", por su pelo.

La Reconquista no fue ocho siglos de guerras continuas

Aunque fue un proceso que llevó a la expansión de los reinos cristianos del norte en detrimento de Al-Ándalus hasta su desaparición, sin embargo, los años de guerra se intercalaban con años de paz y treguas. Las fronteras entre ambos mundos no estaban cerradas y se produjo un intercambio constante de productos, vestuario, costumbres e ideas. Un ejemplo de estos contactos se encuentra en el vocabulario español, que ha incorporado un buen número de palabras de origen árabe. Además, podemos encontrar a gente de la realeza y nobleza cristianas acogida en cortes musulmanas, como es el caso del rey de León Sancho I el Craso en Córdoba hasta que pudo recuperar su trono; o luchando al servicio de reyes musulmanes como el Cid Campeador con los reyes hudíes de Zaragoza. También encontramos a taifas musulmanas pagando tributo a los reinos del norte y recibiendo ayuda de estos frente a sus enemigos correligionarios.

La España medieval no fue ni un paraíso ni un infierno de convivencia

La época que va de 711 a 1492 no fue tranquila con respecto a las relaciones que mantenían cristianos, judíos y musulmanes. Por un lado, hubo momentos de tolerancia, convivencia y trabajo en común como sucedió, por ejemplo, durante partes del emirato y el califato omeyas, como muestra la acogida de personajes cristianos en cortes andalusíes; y en los reinos del norte con la creación de juderías en ciudades importantes y muy activas, y la aparición del arte mudéjar al contratar artesanos musulmanes. Por otro lado, hubo momentos de tensión, intolerancia y violencia que desembocaron en la aparición de los mártires mozárabes de Córdoba; la matanza de hebreos en la Granada zirí; la expulsión de judíos por los almohades; y los pogromos de 1391 contra los judíos en los reinos cristianos peninsulares. A pesar de estos problemas, se produjeron uniones entre cristianos, judíos y musulmanes durante toda la Edad Media y esto era tan conocido en Europa que Lutero, como gesto de rechazo a los españoles, afirmaba que eran "'moranos', judíos bautizados que no creen nada de nada".

Los reinos cristianos del norte no eran sucios

Está muy extendida la idea de que los cristianos del norte tenían una carencia de higiene total, o casi, a diferencia de lo que ocurría en Al-Ándalus. Sin embargo, durante la Edad Media cristiana siguieron funcionando baños públicos construidos por los romanos y se edificaron nuevos en ciudades como Soria, Plasencia, Ciudad Rodrigo, etc., y por orden de los mismos reyes como Alfonso III de Asturias en el siglo IX. Acudían tanto hombres como mujeres. Estos baños estuvieron en uso hasta prácticamente el Renacimiento, cuando se cerraron tanto por recomendaciones de los médicos como por ciertos problemas tanto técnicos como morales. Además, en la Edad Media contaban con tratados sobre higiene y cuidado del cuerpo. Gracias a imágenes y textos podemos conocer cómo se aseaban, para lo cual contaban tanto con baños de agua como con baños en seco empleando paños, se fabricaba jabón casero y se hacían recetas de perfumes y ungüentos.

No existe la Corona cataloaragonesa

La Corona de Aragón fue el fruto de la unión de diferentes territorios bajo la autoridad de un rey, el de Aragón. Por un lado se encontraba el propio reino de Aragón, que en un principio había sido un condado. Por otro lado, estaban los condados catalanes, entre los cuales sobresalió el de Barcelona al hacerse con el control de otros territorios vecinos. Barcelona se unió a Aragón gracias al matrimonio de Petronila, hija del rey Ramiro II el Monje, y el conde Ramón Berenguer IV el Santo, y su ratificación con el ascenso al trono del hijo de ambos, Alfonso II el Casto. Más adelante, se incorporaron los reinos de Valencia y Mallorca, y fuera del territorio actual español, los de Córcega, Cerdeña, Sicilia y Nápoles, y los ducados de Atenas y Neopatria. A pesar de esta unión de reinos y condados, la corona fue siempre nombrada como de Aragón, incluso durante la Edad Moderna.

La peste negra afectó a toda la Península

La muerte negra se cebó con la Europa de mediados del siglo XIV, incluidos los reinos peninsulares. En los reinos cristianos entró por la costa mediterránea de Cataluña, por la intensa actividad comercial, y se extendió tanto por el litoral como hacia el interior. Según los cálculos, Castilla perdió el 20% de la población; Aragón un 35%; Navarra, un 50%; y Cataluña, un 60-65%. Tampoco fue una excepción el Reino nazarí de Granada. Entró por el importante puerto de Almería, ciudad que vio cómo morían 70 personas cada día, y afectó a todo el territorio granadino hasta Algeciras, donde se llevó por delante al rey Alfonso XI el Justiciero. La peste negra no hizo distinción entre reinos, clases sociales ni religiones.

Isabel la Católica sí se cambiaba la ropa

Se ha señalado que la reina tenía costumbres higiénicas muy deficitarias como que no se cambiaba de camisa. Sin embargo, la documentación indica lo contrario. Era una mujer que cuidaba su aspecto, como indican los cronistas de la época e incluso las advertencias que le hacía su confesor fray Hernando de Talavera por el gasto en trajes. La soberana mostró una preocupación por la limpieza tanto de ella misma como de los demás miembros de la familia. Se conservan registros del dinero que pagaba a las lavanderas y las visitas de médicos para vigilar el buen estado de la familia, incluyendo uno encargado de la salud dental.

Isabel la Católica tuvo una corte muy peculiar

Durante los años que estuvieron en el poder, los Reyes Católicos se rodearon de gente muy capaz que los asistió en su gobierno y en su vida privada, con figuras de la talla del Gran Tendilla, el Gran Capitán, su secretario Hernando de Zafra y clérigos como el cardenal Mendoza, fray Hernando de Talavera y el cardenal Cisneros. Pero también Isabel se rodeó de otra serie de personajes muy interesantes. Por un lado, tuvo a mujeres como consejeras y confidentes entre las cuales sobresalen Beatriz Galindo, la Latina; Beatriz de Bobadilla, amiga de la reina; la intelectual Luisa de Medrano; Teresa Enríquez, la Loca del Sacramento; y santa Beatriz de Silva, fundadora de la primera orden dedicada a la Inmaculada Concepción. Por otro lado, también contó en su corte con judíos y judeoconversos o descendiente de ellos, con nombres tan importantes como Abraham Senior, luego Fernando Coronel, tesorero y último rabino mayor de Castilla; y los secretarios de origen familiar judeoconverso Fernando del Pulgar, cronista, Lope de Conchillos y Miguel Pérez de Almazán.

Las discusiones en Salamanca por el proyecto de Cristóbal Colón fueron por los cálculos que hizo sobre el tamaño de la Tierra

El marinero afirmaba que la distancia de España a Asia era menor que la que defendía la junta de especialistas. Estos tenían razón y de no haber encontrado América, la expedición habría acabado muy mal. No obstante, hay quien señala que Colón pudo alterar los cálculos para poder conseguir la financiación, ya que desde el geógrafo griego del siglo III a. C. Erastóstenes se tenía una idea aproximada de la forma esférica y tamaño de la Tierra. Durante toda la Edad Media en Europa se sabía que el planeta tenía forma de orbe, aunque no se supiera qué es lo que había más allá de Finisterre.

La Inquisición usó la tortura mucho menos de lo que se piensa

El Santo Oficio surgió en el reinado de los Reyes Católicos para investigar y perseguir las desviaciones en materia doctrinal y moral por parte de católicos, nunca tuvo potestad contra judíos, musulmanes ni, incluso, indígenas americanos. Para ello se seguía todo un procedimiento judicial muy regulado que se basaba en gran parte en los mismos fundamentos que regían los tribunales civiles, como que el acusado era el que tenía que demostrar su inocencia y el uso de la tortura para buscar la confesión. Sin embargo, la Inquisición utilizó el tormento solamente entre un 2% y un 5% de los casos, y solo para aquellos procesos en los cuales se juzgaba algo grave y se cumplían algunos requisitos como haber pruebas sobre el delito, tener tres testigos en su contra y haber contradicciones en las declaraciones del reo. Su aplicación seguía unas normas estrictas como el no durar más de hora y cuarto; no se podía derramar sangre ni mutilar; tenía que haber un inquisidor e incluso un médico durante el proceso para evitar abusos; había que registrar las sesiones y las confesiones, y estas debían ser ratificadas en las siguientes 24 horas por el propio acusado, ya que no se confiaba en lo que pudiera decir bajo tortura. Entre las torturas cabe citar el potro, la toca y la garrucha casi en exclusiva. Por consiguiente, casi todos los instrumentos que se ven en los museos son invenciones o fueron usados por los tribunales civiles, donde sí se aplicaba la tortura con una mayor frecuencia y crueldad.

El Santo Oficio imponía una gran variedad de sentencias

A nivel de penas impuestas por los inquisidores, había de todo tipo, desde unas simples amonestaciones, pasando por la realización de algunas prácticas penitenciales como oraciones y ayunos, el recibir algún castigo corporal como los azotes, hasta llegar a la relajación al brazo secular, es decir, la entrega a las autoridades civiles para que se aplicara la pena de muerte, la hoguera en este caso. No se aplicaban durante el auto de fe, que era la ceremonia en la que se anunciaba públicamente las penas, sino en otro momento posterior. Dependiendo del tipo de delito por el que se le hubiera condenado y la pena, la persona podía quedar infamada y eso podía impedir tanto a él como a familiares cercanos acceder a determinados puestos civiles y eclesiásticos. De todas estas penas, la menos utilizada fue la condena a la hoguera. Las cifras de condenados a esta última rondan entre 3.000 y 10.000, como mucho, durante sus más de tres siglos de existencia, ni un 2% de todos los que fueron juzgados y una buena parte se dieron en las primeras décadas de existencia. Para contextualizar estos datos, entre mediados del siglo XVI y mediados del siglo XVII fueron ejecutadas por brujería en lo que es ahora Alemania unas 25.000 personas. Esta información se sabe con bastante seguridad, porque la Inquisición fue un tribunal muy burocrático que llevaba un registro de todas sus actividades. Por último, también era frecuente salir libre y sin cargos de un proceso inquisitorial.

España no fue ni el primer ni el último ni el único país que expulsó a la población judía

Un año que ha quedado muy grabado es 1492 por la cantidad de acontecimientos que ocurrieron y que marcaron la historia, entre los cuales cabe citar la expulsión de los sefardíes, judíos que vivían en la Península Ibérica, por orden de los Reyes Católicos. Los monarcas se sumaron con esta medida a las políticas que se estaban haciendo en Europa desde hacía tiempo. En 1182 salieron de Francia, y se reiteró en tres ocasiones durante el siglo XIV; en 1290, de Inglaterra; en 1349 y 1360, de Hungría; en 1421, de Austria; en 1488, del ducado de Parma; en 1490-1492, del ducado de Milán; en 1495, de Lituania; en 1496, de Portugal; en 1498, de Navarra; en 1510, de Brandemburgo; en 1554, de Baviera; y en 1569 y 1593, de los Estados Pontificios, excepto de Roma y Ancona. Asimismo, se sucedieron en muchos sitios desde la Edad Media hasta el siglo XX. Se calcula que aunque había 200.000 judíos obligados por el decreto, entre las conversiones y retornos posteriores, los afectados fueron entre 20.000 y 50.000, los cuales se llevaron la nostalgia por un país al que llamaban Sefarad como no han sentido hacia los otros de donde tuvieron que salir.

No hubo ningún genocidio en América

Aunque durante y después de la conquista de América por españoles hubo un gran número de muertos, esta elevada cifra se debió en su gran parte a las enfermedades, además de los provocados por los mismos combates y los abusos que se dieron y se denunciaron. Después de milenios separados ambos mundos, cuando llegaron los españoles a las tierras americanas también traían con ellos enfermedades como la viruela, el sarampión y la gripe, ante los cuales los indígenas no estaban inmunizados, a diferencia de los europeos, lo que provocó una altísima mortalidad. La población indígena empezó a recuperarse a partir de la segunda mitad del siglo XVII y siglo XVIII hasta ser casi la mitad de los habitantes de los territorios americanos en el momento de los movimientos de independencia del siglo XIX.

En la América española se aceptó el mestizaje

Durante los siglos que duró la presencia española en el Nuevo Mundo se produjeron uniones entre peninsulares, indígenas y esclavos y sirvientes africanos. A veces eran ratificadas con la celebración del matrimonio canónico, pero en la mayoría de ocasiones se trataban de uniones libres, aunque luego los hijos fueran reconocidos por el padre. Para el siglo XVIII había tal mezcla que se hicieron clasificaciones según los padres y se utilizaron y crearon términos para designar el fruto de las uniones como criollo (de padres españoles), mestizo (de padre español y madre india), castizo (de padre mestizo y madre española), mulato (de padre español y madre africana), morisco (de padre mulato y madre española) y chino (de padre morisco y madre española), entre otras denominaciones.

El 80% de todo el oro y la plata que se sacó en la América española se quedó en América

Se tiene la idea de que los españoles explotaron los recursos del continente, especialmente sus metales preciosos y que casi todo el oro y la plata extraídos fueron a la península, dejando empobrecidas a los territorios americanos. Sin embargo, esto no es preciso. Por un lado, es cierto que llegaba oro y plata a España desde América, pero en su gran parte se correspondía al 20 por ciento, o el 10 por ciento en el siglo XVIII, que se debía pagar a la Corona de todo lo que se extraía. Estos metales acababan por lo general fuera del país para pagar las grandes deudas que se tenían por las continuas guerras o para donaciones. Por ejemplo, el primer cargamento de oro que recibió Carlos V de América fue regalado para hacer el dorado del techo de la basílica de Santa María la Mayor de Roma. El resto de oro y plata que pudiera llegar de América era por el pago de artículos que se compraban de la península. Casi todo el metal precioso quedó en manos americanas y se utilizó para dar el impulso que necesitaban los virreinatos para desarrollarse y poder construir, y reconstruir, nuevas ciudades, infraestructuras como carreteras, hospitales, universidades, sistemas defensivos, iglesias y conventos; asegurar la defensa frente a los ataques de piratas y potencias rivales; pagar la burocracia; comerciar a través del Atlántico y el Pacífico, etc.

Juana I de Castilla no estaba tan loca

La última reina de la Casa Trastámara ha pasado al imaginario como una mujer con graves problemas mentales que la incapacitaron para reinar. Sin embargo, no está tan claro que esto fuera así. A diferencia de su madre Isabel, que consiguió que nadie le hiciera sombra, Juana se vio arrinconada por su marido, Felipe el Hermoso, su padre, Fernando el Católico, y su hijo, Carlos V, hasta el punto de ser recluida de 1509 a 1555 en Tordesillas. Sin embargo, en todo momento se mantuvo como reina nominal hasta su muerte. Desde hace tiempo se ha cuestionado la locura de la reina, pues, aunque había un precedente de enfermedad mental en su familia materna, su abuela Isabel de Portugal, se piensa que las posibles dolencias fueron exageradas por Fernando y Carlos para poder apartarla del trono de Castilla, que ya era el reino más poderoso de la Península, y uno de los más importantes a nivel internacional, y estaba extendiendo su gobierno y hegemonía al Nuevo Mundo.

Felipe II era un rey culto

El emperador Carlos V se preocupó de que sus hijos recibieran una educación humanista según los cánones de la época. Esto dejó una gran huella en Felipe II, quien desarrolló una capacidad de trabajo que asombraba en su época; creó su propia colección de cuadros de todo tipo de temas, incluidos los mitológicos, y que es una de las bases de los fondos del Museo del Prado; se dedicó a la colección de libros para su gran biblioteca en El Escorial; e incluso impulsó medidas tan avanzadas como la jornada laboral de ocho horas y la enseñanza de las lenguas autóctonas de América. Además, tenía mucho cuidado por su higiene y su apariencia, para lo cual vestía de negro, un color en su caso nada austero, ya que se sacaba del palo de campenche, un árbol del que extraía un tinte de ese color. Era de una gran calidad y belleza, y tan costoso que solo lo usaba la gente más adinerada.

Las mujeres Austrias jugaron un papel muy relevante en la Edad Moderna europea

Con el ascenso de Carlos V al trono también se instaló durante dos siglos la dinastía de los Habsburgo, en España conocida como los Austrias. Aunque los varones ocuparon el trono, las mujeres de la familia fueron educadas para tener un papel importante más allá de ser reinas consortes. De entre las hijas de Carlos V podemos destacar a María de Austria, emperatriz del Sacro imperio, encargada de defender los intereses españoles en Viena y gran influencia para Felipe III; Juana de Austria, princesa de Portugal y madre del futuro rey Sebastián I, regente de España durante 5 años en ausencia de su hermano Felipe II, fundadora del monasterio de las Descalzas Reales de Madrid y única mujer jesuita de la Historia; y a la hija natural de Carlos Margarita de Parma, gobernadora de los Países Bajos hasta la llegada del duque de Alba en 1568. Pasando a Felipe II, destaca sin duda Isabel Clara Eugenia, soberana junto con su marido y después gobernadora tras enviudar de los Países Bajos e incluso candidata al trono de Francia. Dentro de los hijos de Felipe III sobresale Ana de Austria, reina consorte de Luis XIII y regente de Francia con amplios poderes durante la minoría del futuro Luis XIV; y María Ana de Austria, emperatriz del Sacro imperio por su matrimonio con Fernando III. Por último, dos hijas de Felipe IV con importantes papeles en la historia fueron María Teresa de Austria, mujer de Luis XIV y abuela del primer Borbón español; y Margarita Teresa de Austria, emperatriz del Sacro imperio al casarse con Leopoldo I.

Los "primeros" reyes de España fueron Juana y su hijo Carlos

Aunque los Reyes Católicos ya eran conocidos en Europa como reyes de España, fueron su hija Juana y su nieto Carlos los que decidieron utilizar el título de "reges Hispaniarum", es decir, reyes de las Españas, en las acuñaciones de monedas y en inscripciones, a modo de resumen de la larga titulatura que se empleaba en la documentación oficial. También ellos añadieron a ese título en ocasiones el de "reges Indiarum", que quiere decir reyes de las Indias, haciendo referencia a las posesiones americanas. No obstante, ya en la Edad Media se empleaba en crónicas y documentos el término de España y variantes para hablar de los reinos peninsulares y sus habitantes, especialmente de los cristianos.

España ganó la guerra en la que ocurrió la "Armada Invencible"

En 1585 estalló la guerra entre españoles e ingleses después de la expedición de Francis Drake a las Indias. En un primer momento fue favorable a los segundos, quienes atacaron Cádiz en 1587 e impidieron el triunfo de la Armada española, como la conocen en Reino Unido y no como la Invencible, cuando esta quería atacar la propia Inglaterra en 1588. Sin embargo, el sino de la guerra cambió a favor de los españoles. Estos consiguieron repeler la Contraarmada mandada en 1589 contra la Península, donde tuvo su papel María Pita; reforzar la ruta de España con América; y desgastar a los ingleses. En 1604, el rey de Inglaterra Jacobo I Estuardo firmó el Tratado de Londres, el cual fue muy favorable a los españoles. Los ingleses se comprometieron a dejar de ayudar a los rebeldes holandeses, permitir el paso de de barcos mercantes españoles por el Canal de la Mancha y dejar de practicar la piratería. Los españoles también hicieron concesiones comerciales a los británicos.

España fue pionera a nivel cultural y científico con los Austrias

La imagen del Imperio español durante los siglos XVI y XVII es de atraso cultural y científico, en parte por la presencia de la Inquisición. Sin embargo, esto contrasta con el hecho de que desde 1492, año de la publicación de la primera Gramática del castellano por Nebrija, hasta 1681, fecha de la muerte de Calderón de la Barca, se dio en España el llamado Siglo de Oro. Se podría dar una buena lista de nombres de autores y artistas que aparecieron en esta época y que dejaron huella a nivel internacional, que son los más conocidos cuando se habla de este periodo. Lo que pasa más desapercibido son las aportaciones hechas en otros campos del saber, tanto en letras como en ciencias. Dentro del Derecho, se pusieron las bases del Derecho internacional y los Derechos humanos a raíz de las reflexiones sobre la Conquista de América. Si analizamos los avances de la Medicina, tenemos figuras como Jerónimo Soriano, pionero de la pediatría. A nivel científico, en 1561 la Universidad de Salamanca propuso que la teoría heliocéntrica de Copérnico fuera enseñada en la cátedra de Astronomía y en 1595 su lectura se hizo obligatoria; y el jesuita José de Acosta planteó seriamente que los nativos americanos habían llegado al continente por el norte desde Asia.

España se escapó de la oleada de persecución antibrujería que recorrió Europa en la Edad Moderna

Aunque hubo algunas condenas a muerte de brujos en el norte de España por influencia francesa, como fue el conocido caso de las brujas de Zugarramurdi de 1609-1610, la Inquisición tuvo como política oficial la propuesta de fray Alonso de Salazar y Frías, conocido como el "abogado de las brujas". Este inquisidor, después de lo ocurrido en ese juicio y de presentar sus informes a los demás inquisidores, consiguió que los tribunales consideraran la brujería y las actividades de los brujos como invenciones de la gente y que no había que dar crédito a lo que se decía sobre ese tema. Incluso hizo que se quitaran los sambenitos de los condenados por Zugarramurdi para que estos no quedaran infamados. Gracias a esta política, España no se sumó a la caza de brujos, con algunas excepciones en lugares donde las autoridades civiles no quisieron dejar este tema en manos de los inquisidores.

La batalla de Rocroi no fue el final de los tercios españoles

En 1643 se rompió un mito en Europa y era que los tercios constituían un ejército invencible. Después de más de un siglo combatiendo, sufrieron la primera gran derrota a manos de los franceses en esta batalla de la Guerra de los Treinta Años, aunque gracias a su actuación mantuvieron el honor intacto. Sin embargo, esto no significa que desaparecieran los tercios o que ya no tuvieran fuerza para seguir luchando, porque en los años siguientes consiguieron grandes victorias frente a los franceses, como en Tuttlingen ese mismo año, o Valenciennes en 1656, y fueron capaces de obligar a los galos a replegarse en varias ocasiones y rechazar ataques de los holandeses.

Carlos II no fue "Hechizado"

El último Austria español fue el fruto de la política matrimonial de sus antepasados, que preferían casarse con miembros de la misma familia. Por ejemplo, Felipe III era su abuelo por parte de padre y bisabuelo por parte de madre. Esto provocó que el monarca naciera con numerosos problemas de salud, incluyendo la infertilidad que tantos problemas traería. Sin embargo, su reinado no fue en absoluto decadente, ya que se consiguió mantener intacto el Imperio español frente a los franceses, sanear las cuentas públicas, aumentar el nivel adquisitivo y dar un periodo de paz.

La piratería apenas afectó al comercio entre España y América

El comercio entre España y América atrajo la atención de personas que veían en los barcos que atravesaban el Atlántico cargados de oro, plata y mercancías diversas una fuente de riquezas al alcance de la mano, los piratas. Aunque se ha magnificado el impacto que tuvieron, ni siquiera el 1% de los miles de convoyes que atravesaron el océano tuvo problemas con los piratas, y apenas un par fue capturado por aquellos. El sistema de defensa de los convoyes fue tan efectivo que se utilizó incluso en el siglo XX en las dos guerras mundiales. Las tempestades sí fueron mucho más dañinas a los barcos que los piratas, quienes debían conformarse con atacar barcos sin importancia real o poblaciones americanas costeras con escasas defensas.

Existieron corsarios al servicio de la Corona española

Aunque los más conocidos son los corsarios ingleses, también España empleó los servicios de este grupo de marinos desde 1621 con Felipe IV. Se les concedía una patente de corso, por la cual podían practicar cierto pirateo contra barcos de países enemigos a cambio de dar un quinto del botín obtenido a la Corona y vigilar las costas del Imperio español, ya que no había barcos suficientes en la Armada para esta misión, frente a otros enemigos como piratas argelinos, franceses, holandeses, ingleses y turcos. Estos marinos consiguieron hacer una carrera que de otra manera les habría sido imposible o muy difícil, y han pasado a la posteridad por sus actividades como hicieron en el siglo XVIII los corsarios Baltasar Hidalgo de Cisneros en el Caribe, Antonio Barceló en el Mediterráneo y el temido Amaro Pargo en el Atlántico y el Caribe.

España fundó el primer asentamiento autogestionado por afroamericanos

En las expediciones que se lanzaron a la conquista de América no solo había españoles, también africanos, algunos en calidad de esclavos y sirvientes y otros como soldados y capitanes. La legislación española sobre la esclavitud con respecto a los otros vecinos europeos en América provocó que muchos esclavos de las colonias inglesas escaparan al territorio español de la Florida. Llegó a haber tal número que en 1738 se fundó el asentamiento y fuerte de Gracia Real de Santa Teresa de Mosé. Aunque solo duró unas pocas décadas, fue el primer asentamiento dirigido exclusivamente por afroamericanos.

Los últimos restos del Imperio español no se perdieron en el Desastre del 98

Aunque el año 1898 marca el fin del Imperio al perderse Cuba, Puerto Rico, Filipinas y Guam, sin embargo, España conservó territorios coloniales en África hasta el siglo xx. En este último siglo fueron llamados como provincias del Sáhara, Ifni, Fernando Poo y Río Muni, pero se perdieron finalmente. La primera se incorporó a Marruecos en 1976, aunque no está reconocido a nivel internacional; la segunda pasó también a este país oficialmente en 1969; y las dos últimas se independizaron al formar Guinea Ecuatorial en 1968.

Nuestros ciclópeos monumentos, nuestras tradiciones y formas, todo en nuestra patria es exquisita hacienda. En todos mis viajes he reconocido los esplendores de pueblos idos. Romanos, visigodos, moros o cristianos, todos han nutrido la sangre española con un signo infinito. Pocos pueblos, o ninguno, pueden presumir de tanta fortuna reunida en tan poca tierra. ¡Y lo que perdimos! ¡Ay, Señor lo que lapidamos! Siendo yo y a veces siendo otros, complicada reclama que el espionaje requiere, vislumbro tantas obras que un día fueron nuestras, o en cuyo seno perdurará por siempre la huella de la infantería española, que no puedo más que recordar las palabras de aquel soneto donde abrevio mi hondo pesar por nuestra España:

Miré los muros de la patria mía,
si un tiempo fuertes ya desmoronados
de la carrera de la edad cansados
por quien caduca ya su valentía.
Salíme al campo: vi que el sol bebía
los arroyos del hielo desatados,
y del monte quejosos los ganados
que con sombras hurtó su luz al día.
Entré en mi casa: vi que amancillada
de anciana habitación era despojos,
mi báculo más corvo y menos fuerte.
Vencida de la edad sentí mi espada,
y no hallé cosa en que poner los ojos
que no fuese recuerdo de la muerte.

5 PATRIMONIO ESPAÑOL

Sabías que...

España es el tercer país con más patrimonio de la Humanidad reconocido

Cuenta con 48 bienes declarados patrimonio, de los cuales 42 son de tipo cultural, y los demás son naturales o mixtos. Algunas de estas declaraciones son compartidas con otros países, sobre todo los que hacen referencia a espacios naturales y técnicas constructivas.

España cuenta con la región con más patrimonio declarado del mundo

Se trata de la comunidad de Castilla y León, con ocho bienes, por delante de las regiones italianas de la Lombardía y la Toscana, con seis cada una. Además, España también tiene la ciudad con más monumentos declarados patrimonio de la Humanidad, Córdoba.

La Alhambra de Granada es una ciudad palatina

El recinto alhambreño fue diseñado para acoger a los reyes nazaríes, su familia y la nobleza. Junto a ellos encontramos personas que se encargaban de atender a las necesidades de aquellos. Había un barrio militar para los soldados encargados de la defensa del espacio y casas para la gente que trabajaba al servicio de los monarcas. Estas casas han funcionado como viviendas hasta el siglo XX. La Alhambra contaba también con una mezquita mayor, baños y un cementerio.

La Mezquita de Córdoba fue la segunda mayor mezquita del mundo musulmán

Gracias a las sucesivas ampliaciones que se hicieron del edificio, adquirió tal extensión que solo era superada por la Gran Mezquita de La Meca. Al construirse la Mezquita Azul de Estambul en 1588, se quedó con el tercer puesto, aunque ya era desde hacía más de tres siglos la catedral de Córdoba.

La Catedral de Burgos alberga la tumba del Cid Campeador.

Se encuentra en el crucero del templo desde 1921 después de un largo camino. Su cuerpo estuvo primero en Valencia hasta 1102. Con la conquista de la ciudad, fue trasladado al monasterio de San Pedro de Cardeña, donde estuvo hasta 1808. Durante los años de la Guerra de Independencia y los siguientes, los restos permanecieron en un mausoleo en Burgos. En 1826 volvieron de nuevo a Cardeña, pero solo hasta 1834, cuando fueron transportados a la capilla de la Casa Consistorial. Aquí estuvieron casi un siglo y en 1921 fueron enterrados en la catedral burgalesa. Algunos restos del Cid estuvieron durante el siglo XIX en el castillo de Sigmaringa, en Alemania, hasta 1882, cuando fueron devueltos.

El Monasterio de El Escorial tiene influencias bíblicas

Cuando se diseñó el complejo se buscó inspiración en el templo que levantó el rey Salomón en Jerusalén. Sin embargo, se basaron en las descripciones del escritor judío del siglo I Flavio Josefo, quien describió el Segundo Templo, construido después de la destrucción del primero a manos de los babilonios.

La catedral de Ávila es *"fortior"*

Se le conoció con este título, que significa "más fuerte", porque la cabecera del templo forma parte de las murallas medievales de la ciudad, un caso único en España.

La Sagrada Familia de Barcelona no la empezó a construir Gaudí

La primera piedra se puso el 19 de marzo de 1882 y su arquitecto era Francisco de Paula del Villar y Lozano. Al poco tiempo aparecieron discrepancias entre este y los promotores de la obra, y Francisco abandonó el proyecto al año siguiente, para pasar a manos de Antonio Gaudí, quien, tras terminar de construir la cripta en 1889 que había diseñado su antecesor, decidió abandonar el proyecto original de una iglesia neogótica y hacer otra mucho mayor con su propio estilo.

Las pinturas rupestres de la Cueva de Altamira levantaron una enorme polémica cuando se descubrieron en 1868 y en 1879

Al no conocerse apenas este tipo de representaciones tan antiguas, se pensó que se trataban de falsificaciones al no concebirse que algo así fuera pintado por gente prehistórica. Sin embargo, otros descubrimientos en Europa similares a Altamira confirmaron su autenticidad e importancia.

Las campanas de la catedral de Santiago de Compostela estuvieron en Córdoba

Con motivo del ataque de Almanzor a Compostela, el hayib mandó que se llevaran las campanas del templo a Córdoba para que sirvieran de lámparas en la Mezquita. Cuando el rey Fernando III conquistó Córdoba, las mandó de vuelta a Santiago.

La "Capilla Sixtina" del arte mudéjar está en Teruel

Más en concreto, se trata de la catedral de la ciudad, la cual ha conservado la techumbre hecha en madera, según este estilo artístico con una gran calidad y un excelente estado de conservación. Además, solo esta catedral y la de Tarazona utilizaron este estilo para su decoración.

La ciudad de Segovia se ha surtido de agua de la Sierra de Guadarrama gracias a su acueducto

Desde su construcción hacia el año 112 d. C., esta estructura formada por 167 arcos ha garantizado el suministro de agua hasta el siglo xx tanto para uso doméstico como para la industria pañera, que tanta importancia tuvo para la ciudad.

El monasterio de San Vicente de Oviedo está unido al origen de la ciudad

En 761 dos monjes, el abad Fromestano y su sobrino Máximo, se establecieron en el lugar y veinte años más tarde fundaron oficialmente ese monasterio. Junto a él se instalaron nuevos pobladores y en pocos años el núcleo urbano que se había formado se convirtió en la capital del reino de Asturias.

Cáceres conserva un castigo de la reina Isabel la Católica

Durante la guerra entre Isabel y Juana, llamada la Beltraneja, la ciudad se decantó por la segunda. Esto no fue olvidado por la primera, quien, al vencer y convertirse en reina indiscutible de la Corona de Castilla, dio la orden de desmochar casi todas las torres de Cáceres, es decir, de quitar la parte superior de estas para que perdieran su función militar. Esto lo hizo con todos los nobles que se alinearon con Juana.

Toledo iba a ser el lugar de sepultura de los Reyes Católicos

Los monarcas mandaron construir en la Ciudad imperial el monasterio de San Juan de los Reyes en 1476 y se convirtió en un monumento a su reinado y los logros conseguidos. Ambos lo escogieron para que se convirtiera en su tumba. Sin embargo, la conquista de Granada en 1492 cambió estos planes y prefirieron enterrarse en la ciudad nazarí por el gran significado simbólico que tenía.

El Parque Nacional de Garajonay es conocido por tener la mejor muestra de laurisilva de toda Europa

La laurisilva es un tipo de bosque subtropical húmedo que llegó a extenderse por el continente europeo hace más de 20 millones de años, en la época del Terciario, hasta que las glaciaciones y los cambios de temperatura la relegaron al sur. Entre la vegetación que se puede encontrar destacan el laurel, el sauce, el brezo y líquenes.

El Real Alcázar de Sevilla sirvió de palacio y residencia a Felipe V

Este complejo monumental ha servido de residencia y lugar de actos de los reyes tanto musulmanes como cristianos hasta la actualidad. Sin embargo, tuvo un momento álgido cuando el primer rey Borbón, Felipe V, se trasladó con la corte a Sevilla durante el llamado Lustro Real (1729-1733) y tuvo su residencia oficial durante este periodo en el Alcázar.

El monasterio cisterciense de Santa María de Poblet es panteón real

En 1194 el rey Alfonso II el Casto quiso ser enterrado en este monasterio cisterciense, uno de los más importantes que tenía esta orden. Sin embargo, fue Pedro IV el Ceremonioso el que lo convirtió formalmente en panteón real, aunque también se inhumaron nobles de gran importancia. Aquí fueron sepultados los reyes aragoneses desde Pedro IV hasta Juan II, el padre de Fernando el Católico.

En Salamanca hay un colegio de irlandeses

Se trata del actual Colegio del Arzobispo Fonseca, el cual sirvió como casa de formación para irlandeses desde 1838 hasta 1936. Sin embargo, estos habían tenido su propio colegio dedicado a san Patricio y fundado en 1592 por orden de Felipe II para que pudieran estudiar aquí debido a las persecuciones religiosas que había en Irlanda. Al ser destruido este edificio durante la ocupación francesa, se les cedió aquel.

La alcazaba musulmana de Mérida es la más antigua conservada en España

La ciudad había sido conquistada en el año 713 pero se convirtió en escenario de numerosas revueltas al no aceptar el dominio andalusí. La situación tuvo su punto culmen en el 828 cuando murió el gobernador de Mérida por una sublevación. En el año 835 el emir Abderramán II mandó construir esta fortaleza para acabar con estos levantamientos.

Siega Verde cuenta con uno de los conjuntos de arte paleolítico al aire libre más importantes de Europa

Presenta 645 figuras grabadas, en su gran mayoría animales, y fueron realizadas entre el 22 000 y el 11 000 a. C., durante el Paleolítico superior, en los afloramientos rocosos que hay en la ribera izquierda del río Águeda, en Salamanca.

El rey de Asturias Alfonso II el Casto "inauguró" el primer camino de Santiago

A principios del siglo IX se difundió la noticia de la aparición de la tumba del apóstol Santiago el Mayor en Galicia. El monarca, al enterarse, se dirigió al lugar desde Oviedo, con lo que se considera el primer peregrino que fue a Compostela y la ruta que siguió, la primera entre todas las que surgieron después, y por eso es conocida como el Camino Primitivo.

Solo se han conservado tres Casas Colgadas, que no colgantes, en Cuenca

En los siglos pasados la ciudad contó con más estructuras de este tipo situadas en el este de Cuenca. Sin embargo, con el paso de tiempo han llegados las dos Casas de los Reyes y la Casa de la Sirena, las cuales se han convertido en un símbolo característico de Cuenca.

La Lonja de la Seda de Valencia es uno de los ejemplos más brillantes del gótico civil europeo

Aunque se asocia este estilo artístico a construcciones religiosas como catedrales, sin embargo, también se hicieron edificaciones civiles de gran importancia, como es la Lonja. Su construcción entre finales del siglo XV y principios del siglo XVI se convirtió en un símbolo del Siglo de Oro que vivió Valencia.

Las Médulas son una obra romana

Este espacio fue, a partir del principado de Augusto, la mayor mina de oro al aire abierto del Imperio romano. Para su extracción se recurría al método de ruina montium, que aprovechaba el agua con el fin de derrumbar partes de montañas que fueran ricas en metal para solo tener que lavar los restos que quedaban y extraer el oro. Este sistema creó el característico paisaje de las Médulas.

El Parque Nacional de Doñana está en un lago

Durante siglos lo que es ahora Doñana fue una laguna que servía como desembocadura del río Guadalquivir. Era conocida en época romana como Lacus Ligustinus. Sin embargo, con el paso del tiempo el lago se fue colmatando por los sedimentos que depositaba el río hasta dar lugar al paisaje que es ahora parque nacional.

El monasterio de Guadalupe en Extremadura ha sido un centro de peregrinación de personajes muy importantes de la Historia española

El primer rey que estuvo aquí fue Alfonso XI en 1340 después de su victoria en la batalla del Salado, aunque los monarcas más ligados al lugar fueron los Reyes Católicos, quienes lo visitaron en varias ocasiones. También pasaron por aquí personajes relacionados con el descubrimiento y conquista de América como Cristóbal Colón y Hernán Cortés; escritores de la talla de Miguel de Cervantes y Lope de Vega; intelectuales como Miguel de Unamuno; y grandes figuras de la Iglesia española como santa Teresa de Jesús.

En el monasterio de San Millán de Suso se encontró uno de los textos castellanos más antiguos

En este monasterio se localizó un códice en latín que contiene las *Glosas Emilianenses*, unas anotaciones hechas al texto latino para su mejor comprensión y datadas entre finales del siglo x y principios del xi. En ellas se encuentra una de las primeras muestras de lo que sería el castellano en este caso tanto a nivel de vocabulario como de gramática.

El Palau de la Música tiene una cúpula invertida

Más en concreto, se trata de una gran claraboya realizada por Antoni Rigalt i Blanch. Tiene la forma de una semiesfera de gran tamaño que destaca por sus colores dorado, azul y blanco. Su función es iluminar la sala de conciertos.

Los Pirineos aparecieron por un choque entre la Península Ibérica y Europa

Esto es literal, ya que la península estaba separada del continente. Con los movimientos de las placas tectónicas ambos territorios empezaron a chocar hace 84 millones de años, dando lugar a esta cordillera.

La cueva de El Cogul, en Lérida, estuvo en uso durante siglos

En este espacio se han conservado tanto pinturas rupestres, entre las cuales destaca una escena de danza de mujeres, como restos íberos e, incluso, romanos. La aparición de estos vestigios hace pensar que este lugar pudo ser utilizado como santuario.

Alcalá de Henares tuvo una prestigiosa universidad en la Edad Moderna

Fue fundada en 1499 por el cardenal Cisneros y ganó mucha fama tanto por los estudios impartidos según el espíritu del humanismo cristiano renacentista como por profesores que impartieron clase y los alumnos que pasaron por aquí, de la talla de Francisco de Quevedo, Gaspar Melchor de Jovellanos y los ya mencionados Domingo de Soto y María Isidra de Gúzman.

Ibiza tiene en su nombre un vínculo con el mundo egipcio

Cuando los fenicios llegaron a esta isla en el siglo VII a. C. le dieron el nombre de Ibosim, en un honor a un dios egipcio llamado Bes. Era una deidad muy popular en el antiguo Egipto al ser un genio benigno y actuar como protector de mujeres embarazadas, recién nacidos y hogares, entre otros.

San Cristóbal de La Laguna es la ciudad de los adelantados

La localidad recibe este apodo al haberse instalado en ella Alonso Fernández de Lugo, quien se encargó de las conquistas de las islas de Gran Canaria, La Palma y Tenerife. Recibió de los Reyes Católicos el título de adelantado, un alto cargo público encargado de llevar una empresa por orden de los monarcas. Sus descendientes también fueron nombrados adelantados.

En Tarragona se ha conservado un cementerio paleocristiano

Se trata del más importante del Mediterráneo occidental debido a su gran variedad de enterramientos y los restos arqueológicos que se han encontrado allí. Se empezó a construir en torno al lugar de sepultura de los mártires tarraconenses Fructuoso, obispo, y Eulogio y Augurio, diáconos suyos, a partir de la segunda mitad del siglo III.

El Pantocrátor de San Clemente de Tahull pudo haber acabado fuera de España

A principios del siglo XX surgió un gran interés por el arte románico catalán tanto dentro como fuera del país. Hubo gente que consiguió comprar frescos de iglesias románicas, algunos de los cuales acabaron en sitios tan lejanos como Estados Unidos. Esto despertó las alarmas y se consiguió frenar esta dispersión de pinturas. Además, se realizaron obras para su recuperación y conservación.

Los Misterios de Elche estuvieron a punto de desaparecer en el siglo XVII

Con motivo de la celebración del Concilio de Trento en el siglo XVI, los obispos de Orihuela quisieron prohibir esta representación al hacerse dentro de un templo. Este tipo de teatros eran frecuentes durante la Edad Media pero los abusos que provocaban llevaron a su prohibición. En el caso de Elche, la población se opuso y consiguió que en 1632 el papa Urbano VIII concediera permiso para que se celebrara a perpetuidad.

En el Palacio Real de Aranjuez se estableció una institución clave durante la Guerra de la Independencia

El 25 de septiembre de 1808, en la capilla del palacio, se constituyó oficialmente la Junta Central Suprema y Gubernativa del Reino. Estaba formada por diputados procedentes de las juntas centrales que habían aparecido en otras ciudades del país y ejercía los poderes legislativo y ejecutivo. Solo duró dos años al disolverse por la constitución de la Suprema Regencia, que sería la encargada de convocar las Cortes de Cádiz de 1810.

Las murallas de Lugo tienen diecisiete siglos de antigüedad

Aunque han sufrido algunas modificaciones a lo largo del tiempo para adaptarlas a las necesidades urbanísticas de la ciudad, han conservado las características que estableció el gran arquitecto romano Vitruvio para este tipo de construcciones.

El Palmeral de Elche es el más extenso de toda Europa

La localidad ilicitana cuenta con una historia larga con las palmeras. Aunque ya se documenta su presencia en la zona desde el siglo III a. C., fue durante el periodo andalusí cuando se potenció su cultivo. Este ímpetu ha llegado hasta la actualidad y Elche cuenta con unas 200 000 palmeras.

El yacimiento de Atapuerca en Burgos fue descubierto gracias a un tren

A finales del siglo XIX se excavó una trinchera en la Sierra de Atapuerca para permitir el paso del ferrocarril. Esto dejó al descubierto diferentes cuevas y cavidades que en un primer momento pasaron desapercibidas. Fue a mediados del siglo XX cuando se empezaron a investigar y en 1976 se descubrieron los primeros fósiles humanos en la Sima de los Huesos.

Baeza contó con una de las cuatro únicas universidades que hubo en Andalucía en la Edad Moderna

Fue compañera de las de Granada, Sevilla y Osuna. Se fundó en 1538 por bula del papa Paulo III y se convirtió en un prestigioso centro de enseñanza por sus enseñanzas de carácter más reformista y espiritual y el prestigio que le dio uno de sus primeros organizadores, san Juan de Ávila, una figura clave en la espiritualidad del Siglo de Oro español.

La Patum de Berga recuerda la antigua importancia que tuvo la fiesta del Corpus Christi

Desde su aparición en el siglo XIII, el Corpus ganó una gran importancia dentro del caledario tanto religioso como civil, especialmente durante la Edad Moderna por el Concilio de Trento y su reafirmación de la doctrina sobre la Eucaristía. La procesión que se hacía con motivo de esta festividad creció en suntuosidad y contaba con breves representaciones teatrales para enseñar al pueblo. Estos actos calaron tanto en Berga que fueron perdiendo su finalidad moralista en favor de la lúdica, convirtiéndose en las representaciones y bailes que se realizan actualmente.

El Parque Nacional del Teide cuenta con el volcán más grande de Europa

Se trata de, justamente, el Teide. Desde el lecho oceánico hasta su cumbre mide 7 500 metros, lo que lo convierte en el mayor de toda Europa y el tercero en todo el mundo, solo superado por los volcanes de Mauna Kea y Mauna Loa, ambos en Hawái. Desde el nivel del mar, el Teide alcanza los 3 718 metros, haciendo de él la montaña más alta de España.

El silbo gomero es una rareza lingüística

El silbo es una de las escasas lenguas silbadas que se desarrollaron en Europa y se basa en la transmisión de un mensaje no tanto mediante palabras como empleando silbidos de diferentes tonalidades, los cuales pueden llegar a ser escuchados a 5 kilómetros. Estaba pensada para el guanche, el idioma insular propio, pero con la conquista de las Canarias se adaptó al castellano.

En Vizcaya hay un puente pionero en el mundo

Para salvar la ría de Bilbao, el ingeniero Alberto de Palacio y Elissague diseñó el primer puente transbordador del mundo para unir Portugalete con Guecho. Se construyó entre 1887 y 1893 y todavía sigue en funcionamiento.

El Tribunal de las Aguas de la Vega de Valencia es la institución de justicia más antigua existente en Europa

Aunque puede que ya hubiera un precedente en la época romana, es durante el califato de Córdoba cuando se estableció el que sería el sistema de riego de la vega y se desarrollaron unas normas aceptadas por los agricultores. Después de la conquista de Valencia por Jaime I el Conquistador, apareció un tribunal con las características que se han conservado hasta la actualidad. La eficiencia de esta institución a la hora de regular el riego hizo que esta región se convirtiera en una de las más fértiles de España.

Había una obra de Miguel Ángel en Úbeda

Se trata de una escultura creada por el artista italiano a finales del siglo XV. Acabó en la Sacra Capilla del Salvador de Úbeda, donde sufrió los avatares de la Guerra Civil. Se pudieron recuperar varios fragmentos y, décadas después, se restauró la imagen siguiendo los escasos documentos gráficos disponibles.

El Canto de Sibila en Mallorca hace referencia a una tradición medieval cristiana

En el mundo grecorromano la sibila era una profetisa muy apreciada especialmente por los romanos ya que sus oráculos eran consultados incluso por los senadores y los emperadores. Con la llegada del cristianismo esta figura se convirtió en la versión pagana de los profetas judíos del Antiguo Testamento al haber anunciado también la venida del Salvador. Se hizo tan popular que en la Edad Media aparecieron dramas litúrgicos donde la sibila profetizaba el fin del mundo, tradición que se perdió en España, excepto en Mallorca.

El único faro romano en activo está en La Coruña

Es el faro de Hércules y fue construido en el siglo I, lo que lo convierte también en el más antiguo en funcionamiento. Su estructura original se ha conservado bastante bien, a pesar de las modificaciones realizadas en estos casi dos milenios de existencia.

El flamenco agrupa a un gran número de variedades con sus propias características

Estas variedades reciben el nombre de palos, las cuales se pueden clasificar según criterios tan diversos como su ritmo, su carácter más serio o alegre, su procedencia, etc. Dentro del flamenco encontramos cantes y bailes tan conocidos como las sevillanas o uno de los elementos más característicos de la Semana Santa andaluza, las saetas.

Los Castells se celebra en Cataluña desde el siglo xviii

Su primera mención es en el año 1712, cuando aparecen las primeras torres humanas en la localidad tarraconense de Valls. Será a lo largo de este siglo cuando la documentación muestre la evolución de estas estructuras hasta su forma actual y la aparición a finales de ese siglo del propio nombre de castell.

La dieta mediterránea es una de las dietas más recomendadas a nivel oficial

Aparece con este nombre a mediados del siglo xx para clasificar la alimentación característica de los países que bordean el mar Mediterráneo, aunque con sus variaciones según el lugar. Es considerada una dieta especialmente equilibrada y beneficiosa para tener una buena salud.

En la Sierra de Tramontana se conservan instalaciones hidráulicas seculares

A partir del siglo xiii, según los datos disponibles, en esta sierra se creó un sistema para extraer y almacenar el agua para su uso posterior. Tan bien ha funcionado y se ha conservado que todavía se sigue utilizando.

La fiesta de Nuestra Señora de la Salud de Algemesí conserva las construcciones de torres humanas más antiguas realizadas en España

En esta localidad al sur de Valencia capital se desarrollaron una serie de bailes populares en honor de la Virgen María. Había tres modalidades, de las cuales una era la realización de torres humanas. No era la única localidad en hacer algo así, pero sí donde más caló y la que la exportó a otros sitios, incluyendo Cataluña en el siglo xviii.

En Almadén, Ciudad Real, se encuentra una de las minas de mercurio más grandes del mundo

Empezó a ser explotada ya incluso antes de la llegada de los romanos, y durante siglos se ha sacado este importante recurso por su utilidad para actividades tan importantes como la extracción de metales preciosos en la América española.

El festival de los Patios de Córdoba se empezó a celebrar en el siglo XX

La primera vez que se convocó el concurso fue en 1921. Sin embargo, los primeros años de existencia fueron muy irregulares, ya que no se volvió a convocar hasta 1933. Se interrumpió con motivo de la Guerra Civil y la tradición volvió a recuperarse en 1944. Con esto se revalorizaban los patios interiores característicos de la arquitectura doméstica cordobesa.

La cetrería o caza de animales con aves de rapaces, tiene un origen medieval en la Península ibérica

Este tipo de actividad, conocida desde hace milenios en muchas partes del mundo, fue introducida tanto por los visigodos como por los árabes, cada uno con su propia modalidad de adiestramiento de aves. Esta unión de conocimientos y experiencias quedaría recogida en libros como el de Pedro López de Ayala «*Libro de la caza de las aves*» del siglo XIV.

El dolmen de Menga en Antequera, Málaga, es el mayor de Europa

Fue construido durante el Neolítico peninsular, hace casi 6000 años, y además de su excepcional tamaño, también tiene elementos singulares como la presencia de un pozo muy profundo y su orientación hacia la Peña de los Enamorados.

Medina Azahara fue considerada una de las ciudades más bellas de su tiempo.

Fue mandada construir por el califa omeya Abderramán III como una nueva capital que mostrara su grandeza frente a sus rivales. Su belleza fue muy alabada por los visitantes que recibió, tanto musulmanes como cristianos. Sin embargo, su vida fue efímera y en un siglo fue abandonada y destruida.

Las Fallas de Valencia pueden ser rastreadas documentalmente desde el siglo XVIII

Aunque su celebración sea anterior, las fallas valencianas aparecen por primera vez en documentos del siglo XVIII, principalmente para evitar problemas de incendios y mostrando críticas por los excesos que se cometían en los festejos de la víspera y el día de san José. Incluso se podría tener una primera referencia a finales del siglo XVII en un documento que se habla de fallas que se quemaban en Valencia, aunque no fueran como se conocen actualmente.

En la parte norte de la Meseta se encuentra unos importantes hayedos

Son unos de los pocos núcleos que se han conservado de los bosques primarios templados que crecieron por toda Europa después de la última gran glaciación. No solo se encuentran en España, también hay importantes hayedos en otras partes del continente.

La antigua ciudad griega de Micenas y la isla de Mallorca tienen en común el uso de la piedra seca

Este sistema de construcción ancestral consiste en poner piedras unas encimas de otras sin necesidad de argamasa para que permanezcan unidas. Gracias a este sistema, en Mallorca se pueden encontrar con 20.000 kilómetros de marges o muros. Para hacer una idea de su longitud, el diámetro de la Tierra mide 12.742 kilómetros.

Hay unas Tamborradas que han dejado su huella en el cine

Se trata de las Tamborradas de Calanda, en Aragón. En esta localidad se sigue una tradición presente en otras partes de España, la cual consiste en la agrupación de un gran número de personas para tocar todo tipo de tambores al unísono para recordar la Crucifixión de Cristo. Las de Calanda han ganado fama gracias a su paisano el cineasta Luis Buñuel, quien utilizó su sonido en algunas de sus películas.

En Gran Canaria se conserva un recuerdo de los antiguos canarios

Se trata del conjunto arqueológico de Acusa. En este lugar se han encontrado numerosos restos, incluyendo alojamientos y sepulcros de los antiguos pobladores de la isla. Las cuevas del lugar se mantuvieron en uso durante mucho tiempo, incluso después de la conquista de las Canarias.

La Basílica del Pilar de Zaragoza es también catedral de Zaragoza

La catedral original de la ciudad era el Salvador, conocida popularmente como "la Seo". Sin embargo, surgieron rivalidades entre su cabildo y el del Pilar, el cual quería convertirse en la sede episcopal zaragozana. El rey Felipe IV se decantó a favor de la Seo, pero esto no fue suficiente. Se recurrió a Roma y en 1676, el papa Clemente X emitió la bula de Unión por la cual declaraba catedrales ambos templos y formaba un único cabildo que pasaría la mitad del año en la Seo y la otra mitad en el Pilar.

Los carnavales son una tradición secular en España

Estas fiestas aparecieron en la Edad Media como días de alegría y desenfreno antes de empezar las prácticas penitenciales y religiosas de la Cuaresma. Aunque los más conocidos son los Carnavales de Cádiz y Santa Cruz de Tenerife, hay otros más antiguos y que recogen incluso tradiciones romanas como el carnaval de Bielsa, en Huesca.

El Museo del Prado tiene una deuda con Felipe II

Una de las colecciones más importantes que tiene el museo era propiedad de este rey. Gracias a la educación humanista que recibió de joven y a sus viajes, Felipe desarrolló un gran interés por la pintura y durante su reinado se hizo con numerosas obras de arte italianas, flamencas y españolas, y con gran cantidad de temas. Aunque algunos cuadros se perdieron por el incendio del Real Alcázar de los Austrias de Madrid en 1734, la mayoría han llegado hasta la actualidad.

Los Sanfermines se celebran en julio desde 1592

Un año antes, las autoridades de Pamplona habían pedido al obispo de Pamplona que trasladara la fiesta de san Fermín, copatrono de Navarra, que no de Pamplona, de su fecha original del 10 de octubre al 7 de julio para hacer coincidir los festejos y ferias que se celebraban al principio y al final del verano. El obispo lo concedió y desde 1592 hasta ahora se celebran los Sanfermines en julio.

La Semana Santa andaluza tiene un antecedente directo en los flagelantes medievales

A partir de los siglos XIII y XIV, con motivo de graves epidemias y hambrunas, aparecieron grupos de personas que, con la cara cubierta, iban en grupos por las calles flagelándose como penitencia por los pecados y para unirse a la Pasión de Cristo, representada por un crucifijo que una persona llevaba al frente de los disciplinantes. Esta práctica se mantuvo hasta el siglo XVIII cuando se ordenó su desaparición por los abusos que se cometían y el cambio de sensibilidad religiosa.

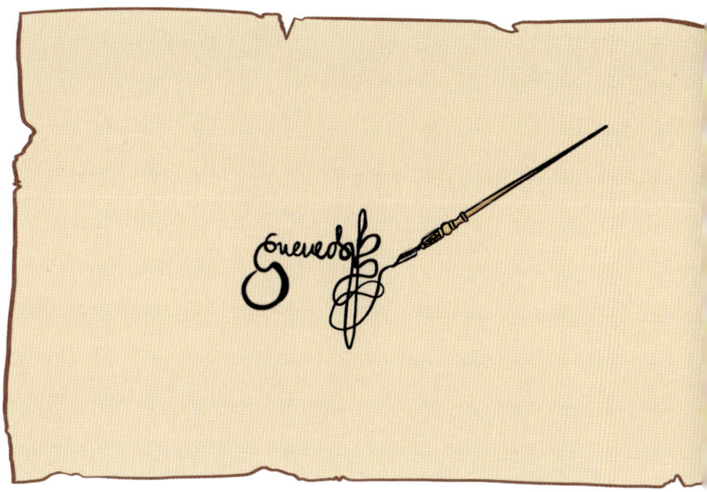

Los Autores

RMÍN VALENZUELA SÁNCHEZ

ENCIADO EN HISTORIA

ter en Educación Secundaria Obligatoria y Bachillerato, Enseñanza de Idiomas (Especialidad en Geografía e oria), de la Universidad de Granada.

ter en Historia de Europa a América. Sociedades, Poderes lturas (EURAME), en la Facultad de Filosofía y Letras de la ersidad de Granada

ualmente doctorando en Historia. @FERVS13

MANUEL A. CUENCA LÓPEZ

OFICIAL DE INFORMACIÓN PÚBLICA
DEL EJÉRCITO DEL AIRE

Destinado en el Cuartel General del Ejército del Aire (Moncloa)

Ingeniero de Organización Industrial (CUD, UPCT)

Máster Universitario en Formación del Profesorado (UAH)

Fundador de Gestas de España @MANUELANGELCL

LORIA CUENCA LÓPEZ

ENCIADA EN BELLAS ARTES

lomada en Turismo por la Universidad de Granada.

o Superior de Ilustración en la Escuela de Artes y Oficios Granada.

eñadora Gráfica e Ilustradora

dadora de Gestas de España @GLORIACUENCAILU

Otros títulos en esta colección

Corsarios españoles

Soldados de fortuna

Los galeones de las especias

Los romanos en Hispania

Con las botas puestas

Esparta